1 MONTH OF
FREE
READING

at

www.ForgottenBooks.com

By purchasing this book you are eligible for one month membership to ForgottenBooks.com, giving you unlimited access to our entire collection of over 1,000,000 titles via our web site and mobile apps.

To claim your free month visit: www.forgottenbooks.com/free383087

ISBN 978-0-266-33153-7
PIBN 10383087

DE

˙S. BRANDAINES,

AVEC UNE TRADUCTION INÉDITE EN PROSE ET EN POÉSIE ROMANES,

PUBLIÉE

(Michel Louis)
PAR ACHILLE JUBINAL,

D'APRÈS LES MANUSCRITS DE LA BIBLIOTHÈQUE DU ROI, REMONTANT
AUX XIe, XIIe ET XIIIe SIÈCLES.

———◆———

:ɩ

⁹PARIS,

TECHENER, PLACE DU LOUVRE, 12.
SYLVESTRE, RUE DES BONS-ENFANS, 30.
JULES-ALBERT MERKLEIN, RUE DES BEAUX-ARTS, 11.
———
M DCCC XXXVI.

------ ◦◦◦ ------

Cet ouvrage n'a été tiré qu'à un très-petit nombre d'exemplaires, dont DIX sur papier de Hollande, CINQ sur papier de Chine, et CINQ sur papier de couleur.

------ ◦◦◦ ------

PARIS.—IMPRIMERIE DE BÉTHUNE ET PLON.

PRÉFACE.

Sur la fin du vi⁰ siècle (vers 587), il y eut en Irlande deux abbés, tous deux depuis révérés comme saints, qui portèrent le nom de Brandaines ou Brendan. L'un d'eux est fêté par l'Église à la date du 29 novembre; l'autre, dont il s'agit ici, fonda l'abbaye de Cluain-fort ou Cluain-fert, mot composé qui signifie, *cluain*, lieu retiré, et *fuerta*, prodiges ou miracles; sa fête se célèbre le 16 mai (1).

La légende qui le concerne, et que nous donnons aujourd'hui au public, est, à coup sûr, à en juger d'après la multitude des relations qui nous en restent, une de celles qui ont été le plus répandues au moyen-âge. Cette espèce d'Odyssée monacale se retrouve, en effet, dans la plupart des vieux idiomes européens, et elle dut, grâce au mer-

---

(1) On peut voir, pour les détails de sa vie, Bollandus, t. iii, p. 599; Usserius, De britannicarum ecclesiarum antiquitate, p. 532, 868, 910, etc.; Johannes Trithemius, lib. iii, De viris illustribus ordinis sancti Benedicti; Colganus; Wareus; Mabillon, Sæculum benedictinum primum; Adammanus, lib. iii, Vita sancti Columbæ; Dugdalus; Whartonus; Acta sanctorum ordinis benedictini, p. 217, t. i; Surius, Vita sancti Maclovii; Butler, ou son traducteur Godescard; Baillet, Vie des saints, etc., etc.

veilleux qui en fait le sujet, obtenir chez nos aïeux, et sur-
tout chez les Anglais, peuple qui à toutes les époques a
joué avec l'Océan, un retentissement immense.

Voici la liste d'un certain nombre de manuscrits appar
tenant à la Bibliothèque royale, où l'on rencontre la ver-
sion latine que nous donnons aujourd'hui. Ce sont les ma-
nuscrits numérotés :

1°, — 2333 *A*, de l'ancien fonds Colbert, in-fol. re-
montant au XIIᵉ siècle ;

2°, — 2444, XIIIᵉ siècle, in-fol., même fonds ;

3°, — 2845, XIVᵉ siècle, in-4°, ancien fonds de Louis de
Targny ;

4°, — 3784, XIᵉ siècle, in-fol., ancien fonds de St-Martial
de Limoges, fol. n° 93 ;

5°, — 4887, XIIᵉ siècle, in-fol, ancien fonds de Dupuy ;

6°, — 5137, XIIIᵉ siècle, in-fol., anç. fonds de St-Martial ;

7°, — 5284, XIIIᵉ siècle, in-fol., ancien fonds Colbert ;

8°, — 5348, XIIIᵉ siècle, in-fol., anc. fonds Colbert ;

9°, — 5371, XIIIᵉ siècle, in-fol., ancien fonds de Baluze ;

10°, — 5572, XIᵉ siècle, in-4°, ancien fonds de Faure ;

11°, — 6041 *A*, XIVᵉ siècle, anc. fonds de Gaignières.

Le texte que nous reproduisons est celui des manuscrits
5572 et 3784, qui appartiennent au XIᵉ siècle. Il a été con-
féré avec celui du manuscrit n° 2333 *A*, dont la rédaction
est du XIIᵉ.

Outre les diverses relations que nous venons d'énumérer
de la légende de saint Brandaines, il en existe encore quel-
ques autres dans différentes bibliothèques publiques en

France et à l'étranger. Celle de l'Arsenal, par exemple (1),
possède un manuscrit provenant de l'abbaye St-Victor,
dont la leçon est à peu de chose près la même que celles
qui ont servi à notre édition.

Enfin, M. Hœnel, dans son catalogue des principales
bibliothèques de l'Europe, colonne 443 et 454, signale
deux autres relations de la légende de S. Brandaines. Les
deux premières appartiennent à la bibliothèque de Stras-
bourg ; elles portent le titre de *Vita sancti Brendani*,
et sont comprises dans deux recueils intitulés : *Collecta
moralia ex sanctis patribus.* Un troisième écrit ayant rap-
port à saint Brandaines (voyez Hœnel, col. 686) appartient
à la bibliothèque de St-Gallen (Angleterre), où il est rangé
sous le n° 321 ; il est intitulé : *Brendani oratio.*

Voilà pour ce qui regarde les manuscrits latins. Quant
à ce qui est relatif aux deux leçons françaises, je ne con-
nais de la première (voyez p. 57 de cette brochure) qu'un
seul texte : c'est celui que nous donnons. Il offre la tra-
duction, qu'on fait remonter à la fin du xiie siècle, de la
légende latine. Cette version se trouve dans le manuscrit
7595 de la Bibliothèque royale, folio ccliiii, où elle com-
mence par une grande lettre représentant une barque que
montent saint Brandaines et ses compagnons. M. Francisque
Michel, dans la description de ce manuscrit qu'il a placé en
tête de sa belle édition du roman de *la Violette*, a donné
sur saint Brandaines, au folio xlii, plusieurs indications
curieuses, et de quelques-unes desquelles j'ai profité. La

---

(1) Voy. Catalogue des manuscrits de ce dépôt, histoire et géographie,
belles-lettres latines, n° 55.

relation en vers français qui suit dans notre travail (voyez p. 105) la traduction en prose, n'est pas à beaucoup près aussi rare que cette dernière : comme elle est comprise dans l'*Image du monde*, poëme écrit au XIIIᵉ siècle par Gauthier de Metz, et dont les copies furent très-multipliées (la Bibliothèque du Roi seule en possède environ une vingtaine), on la retrouve assez fréquemment. Notre texte a été édité d'après le manuscrit numéroté 7534, et nous avons cru, afin d'éclaircir divers passages dont le sens nous a paru douteux, ou de rectifier de légères erreurs typographiques, devoir le faire suivre de quelques variantes empruntées au manuscrit 7991, ancien n° 329 du fonds de Bigot, provenant de la bibliothèque de Charles V, lequel est inscrit au n° 152 parmi ceux de la deuxième salle du Louvre, dans le catalogue de Gilles Malet.

On retrouve également un autre exemplaire de cette version dans le manuscrit de la Bibliothèque du Roi coté sous le n° 277 du fonds Notre-Dame, fol. 32, verso, col. 2; mais il présente, ainsi que la leçon du manuscrit 7991, bien des lacunes que n'offre pas le texte emprunté au n° 7534.

Le dépôt de l'Arsenal (1) possède aussi une légende versifiée de saint Brandaines qui diffère beaucoup de la nôtre et n'appartient pas à l'ouvrage de Gauthier de Metz, bien qu'elle rapporte à peu près les mêmes faits. Voici le début de ce poëme. qui ne comprend pas moins de 2000 vers :

> Seignor, oiés que jo dirai :
> D'un sainct home vous conterai.

---

(1) N° 283, Belles-lettres françaises, in-fol.

D'Yrlande estoit, Brandans ot non,
Mult est de grant religion.
Icist bons hom fu nés de rois,
Del lignage fu as yrois.
Por ce qu'il est de roial lin
Entendi miex à bone fin ; etc.

Nous n'avons pas cru devoir surcharger notre travail de cette nouvelle leçon, non plus que de la multitude de variantes que nous aurions pu recueillir à la Bibliothèque du Roi, dans les manuscrits autres que ceux dont nous nous sommes servis, et qui renferment également l'*Image du monde*. Ce que nous avons donné nous a paru d'autant plus suffisant, que si la légende de saint Brandaines est curieuse par elle-même, nous ne sommes nullement entraînés à nous exagérer son importance sous tous autres rapports; c'est dire assez que nous eussions agi autrement s'il eut été question, par exemple, d'un morceau historique.

J'ai dit plus haut qu'on retrouvait le récit du merveilleux pélerinage de saint Brandaines dans la plupart des vieux idiomes européens; la preuve de cette assertion est facile à donner. Les *Romantische und andere Gedichte in altplattdeutscher Sprache aus einer Handschrift der akademischen Bibliothek zu Helmstædt, herausgegeben von D. Paul Jakob Bruns* (*Berlin und Stettin*, 1798, *in-8°, p.* 161-216), en contiennent une relation versifiée en bas-allemand et en bas-saxon de la fin du xiv° ou du commencement dú xv° siècle. Ce poëme, qui se compose de 1,752 vers, bien que conforme, par le fonds, à nos relations latines et françaises, s'en écarte cependant par les détails. En voici le début : Saint Brandaines a lu un livre rempli de miracles tellement singuliers, qu'il s'indigne de pareilles extravagances et jette l'ouvrage dans les flammes. Dieu, pour le punir d'avoir été si incrédule, lui commande d'abandonner sa patrie, de s'embarquer et de parcourir le monde pendant sept ans, pour voir de ses propres yeux ces miracles qui lui ont semblé si peu croyables. Brandaines obéit et met à la voile, après avoir par précaution approvisionné son vaisseau pour *neuf ans*. Ici la légende allemande se rapproche de la nôtre ; nous retrouvons, avec quelques différences néanmoins, la plupart des miracles qui sont rapportés dans notre texte latin, et le poëme se termine par le retour de Brandaines, qui, une fois arrivé dans sa patrie, se met à écrire le récit de ses aventures, et le dépose dans son couvent (1). A peine cela est-il terminé, que le saint homme entend une voix céleste qui lui dit : « Brendan, si tu veux maintenant, viens chez moi ! » Alors Brendan célèbre encore une fois la messe et meurt.

Comme il pourrait se faire que cette version en bas-allemand ou bas-saxon fût la même que celle en vers flamands dont parle M. Serrure, conservateur des Archives de la province de Flandre orientale, dans sa traduction du *Jeu d'Esnnorée, fils du roi de Sicile*, drame du XIIIᵉ siècle publié à Gand en 1835 (2), d'après un manuscrit

(1) C'est probablement celui de ses ouvrages qui est intitulé : *De Fortunatis insulis*. L'évêque Thomas Tanner, dans sa *Bibliotheca Britannico-Hibernica*, attribue à saint Brendan, d'après Baleus, les ouvrages suivans : *Confessio christiana ; Charta cœlestis hereditatis ; Monachorum regula*, etc. ; et d'après Arnold. Wion. lib. 2, ceux-ci : *Ligni vitæ ; Revelationes de futuris temporibus*, etc.

(2) On le trouve à Paris, chez Téchener.

dù xve siècle que possédait feu M. Van Hullem, je crois devoir donner, afin qu'on puisse comparer, une idée de l'édition allemande. En voici quelques vers :

> In goddes namen here ek an
> Van dem hilgen sunte Brandan,
> Iou he to abbede ivert gekoren.
> In enem boke kam om vor
> Van Vunderliken Saken, etc.

Les Allemands n'ont pas que cette seule relation de la légende de saint Brandaines. Il en existe encore une autre en prose dans leur langue du moyen-âge (*mittelhochdeutsch*), qui offre, à quelques légères variantes près, consistant surtout dans des amplifications, le même récit que le poëme. On en voit, à la Bibliothèque de la ville de Nuremberg, un manuscrit de l'an 1488, selon lequel ce récit serait dû à un certain Jean Hartlieb. Cette relation a d'ailleurs été jadis imprimée plusieurs fois ; savoir : à Augsbourg en 1497, in-4°, chez Jean Troschauer ; à Ulm en 1499, in-4°, chez Jean Zainer ; enfin, à Strasbourg en 1510, in-4°, avec figures, chez Math. Kupsuff. M. Hummel a donné un extrait de cette dernière édition dans sa *Neue Bibliothek von seltenen und sehr seltenen Büchern; Nürnberg*, 1776, t. 1, p. 8-14.

Mais on connaît en bas-saxon une version en prose différente de celle-là et même du poëme. C'est celle qui a paru dans le *Passional bas-saxon* (Lubec, 1507, fol. goth. feuillet CCIX, v°, à CCXVI, v°), dont la Bibliothèque impériale de Vienne possède un exemplaire. Cette version, faite d'après la légende latine écrite par *Pierrc Mule*, de Darmstadt, l'an 1453, qui a pour titre : *Peregrinatio sancti Brendani, abbatis et confessoris*, se trouvait en manuscrit à la Bibliothèque académique de Helmstadt. Elle n'est peut-être autre chose que la nôtre, car elle commence également par l'histoire de l'abbé Barintus. (1). Elle est aujourd'hui à Gottingue, à ce qu'on croit. On trouve un extrait du récit du *Passional bas-saxon* dans : *Gabriel Rollenhagen, vier Bücher wunderbarlicher Reysen durch die Luft*; Magdeburg, 1604, in-4° (2).

La légende de saint Brandaines existe également en vieil irlandais, en gallois, en ancien espagnol, en anglais et en anglo-normand; voici quelques détails sur la version que nous offre cette dernière langue.— D'après M. l'abbé de la Rue (t. II, Hist. des jongleurs et des trouvères normands et anglo-normands, p. 69), un trouvère anonyme du XII° siècle, dont l'œuvre se trouve dans la Bibliothèque cottonienne, (*Vespasianus*, B. X.) aurait raconté, dans un poëme de 834 vers, le voyage de saint Brandaines. M. l'abbé de la Rue dit que le poète fut chargé de ce travail par la reine Adélaïde de Louvain, femme du roi Henri I", qu'il félicite, dans ses rimes, du bonheur que

---

(1) Si cette conjecture était juste, il s'en suivrait que la date de 1455, assignée à la version de Helmstadt, serait erronée, puisque nous avons en France des exemplaires latins qui remontent bien plus haut.

(2) On peut consulter, pour plus amples renseignements, l'appendice des légendes de M. Kosegarten, t. II, p. 455-475 ; — l'Introduction littéraire qui précède le livre de M. Bruns, cité plus haut ; —Van der Hagen et Busching, *Literarischer Grundriss zur Geschichte der deutschen Poësie von der œltesten Zeit bis in das* 16ᵗᵉ *Jahrhundert*; Berlin, 1812, in-8, p. 295-296; et enfin l'Introduction historique de M. Gœrres à son édition du poëme allemand Lohengrin, Heidelberg, 1813, in-8°, p. LXXXVII-LXXXVIII, ainsi que le poëme *Der Krieg auf der Wartburg.*

son mariage va procurer à l'Angleterre. Ce serait donc à l'année 1121 ou 1122, qu'il faudrait placer la composition de ce poëme, dont voici le commencement d'après le texte de M. l'abbé de la Rue :

> Donna Aaliz la reine
> Par qui valdrat lei divine ,
> Par qui creistrat lei de terre ,
> E remandrat tante guerre
> Par les armes Henri le rei ,
> E par le cunseil qui est en tei ,
> Salvet tei mil é mil feis.
> Li apostoiles Danz Benediz
> Que commandas ce ad enpris
> Secund c'un sens ad entremis,
> E si cum fud li toens comanz
> De saint Brandan le bon abeth , etc.

Le reste du poëme se rapporte complètement à nos leçons latines et françaises : ce sont les mêmes aventures, les mêmes miracles , rangés dans un ordre pareil; d'où il est à croire que l'auteur a travaillé sur un original latin , sans s'occuper d'autre chose que de le mettre en rime, ainsi que fit plus tard Gauthier de Metz.

Les Irlandais, qui sont très-zélés pour tout ce qui regarde leurs saints, ont dû , au reste , imprimer plusieurs fois la légende latine de saint Brandaines ; inédite chez nous jusqu'ici, et que les Bollandistes n'ont pas cru devoir publier, regardant, avec juste raison, tout ce qui y est relatif au fameux voyage, comme des erreurs apocryphes (*deliramenta apocrypha*), ce qui est également le sentiment de Vincent de Beauvais, dans son Miroir historique, ch. LXXXI, lib. XXI. Ils en donnent pour raison qu'ils ont retranché des actes de saint David les choses *qui étaient*

intruses, comme celles-ci, par exemple, « que saint Bar-
rins passa la mer à cheval et que saint Brandaines accou-
rut au-devant de lui, *super marinum cetum.* » Quant aux
Anglais, ils ont dû avoir également plusieurs éditions de
cette légende. Je n'en citerai qu'une, faite à Londres, *in
domo Winandi de Worde, anno Domini* M. CÇCCCXVI,
XXVII die februarii, in-folio. C'est celle de Joannes Cap-
gravius, qui a paru dans ses *Nova legenda Angliæ*, livre
assez rare, dont la Bibliothèque du Roi possède un bel
exemplaire sur peau vélin; mais Capgrave, qui avait l'ha-
bitude d'altérer les auteurs qu'il compilait, ne s'est pas fait
faute de changemens et de suppressions (1). C'est ainsi qu'il
a retranché toute l'histoire du *Cacabus*, histoire d'autant
plus singulière et remarquable, qu'on la retrouve presque
textuellement dans les aventures de *Sindbad-le-Marin*,
des Mille et une nuits. La voici, d'après la traduction de
Galland, livre LXXI, tome II, édition de la Compagnie des
libraires, 1727 (voy. p. 14, 68 et 118 de notre recueil) :

« Dans le cours de notre navigation nous abordâmes
plusieurs îles et nous y vendîmes ou échangeâmes nos
marchandises. Un jour que nous étions à la voile, le calme
nous prit vis-à-vis une petite île presque à fleur d'eau qui

---

(1) Voici la note qu'on trouve au bas de son nom et de la liste de ses
ouvrages, dans le catalogue du département des imprimés de la Bi-
bliothèque du Roi : — « Capgravius multa ex Joanne de Tinmuthâ,
vitas sanctorum Angliæ, Walliæ, Scotiæ, et Hiberniæ variis in libris
sparsas in unum redegit, decurtavit et resecuit, ac more plagiariorum va-
riis modis immutavit. » La préface des manuscrits de la bibliothèque
Cottonienne, à laquelle le rédacteur du catalogue de la Bibliothèque du
Roi a emprunté cette note, ajoute même ces paroles sévères qui consti-
tuent Capgrave en état de plagiat : — *Ut ipsius ingenii fœtus haberetur.*

ressemblait à une prairie par sa verdure. Le capitaine fit plier les voiles et permit de prendre terre aux personnes de l'équipage qui voulurent descendre. Je fus du nombre de ceux qui débarquèrent; mais dans le temps que nous nous divertissions à boire et à manger, et à nous délasser de la fatigue de la mer, l'île trembla tout-à-coup et nous donna une rude secousse.

A ces mots, Scheherazade s'arrêta parce que le jour commençait à paraître. Elle reprit ainsi son discours sur la fin de la nuit suivante :

(LXXI° NUIT.)

Sire Sindbad poursuivant son histoire : On s'aperçut, dit-il, du tremblement de l'île dans le vaisseau, d'où l'on nous cria de nous rembarquer promptement ; que nous allions tous périr; que ce que nous prenions pour une île était le dos d'une baleine. Les plus diligents se sauvèrent dans la chaloupe, d'autres se jetèrent à la nage; pour moi, j'étais encore sur l'île, ou plutôt sur la baleine lorsqu'elle se plongea dans la mer, et je n'eus que le temps de me prendre à une pièce du bois qu'on avait apporté du vaisseau pour faire du feu, etc. »

Il serait curieux de savoir si cette histoire fut transmise par l'Irlande à l'Arabie, ou si l'imagination de deux peuples situés sous des latitudes de civilisation si différentes et si éloignées, la leur fit créer à la fois.

Dans le cours de la légende, Capgrave a aussi ajouté des choses qui ne se trouvent pas dans notre texte latin, par exemple l'épisode d'un certain Colmanus, moine trèsenclin à la colère, *discordiæque seminator inter fratres*. Cet épisode ne manque pas d'intérêt. La fin de la légende est aussi complètement changée chez lui et diffère beaucoup de la manière dont se termine notre leçon. Voici le récit de Capgrave :

« Quum quidam reges Hiberniæ alteram regionem vastare vellent, et incolæ regionis illius auxilium Brendani expectarent, deprecatus est vir Dei humiliter reges illos ut à presumptione desisterent. Illis vero in pertinentia persistentibus, rogavit sanctus Deum et exaudivit eum. Reges enim de loco ubi erant exire non poterant ; sed huc illucque oberrantes, viam penitus non inveniebant. Reversi igitur intra se dixerunt : «Ineptum est quod facimus. Quis enim potest resistere metui Dei qui in sancto suo Brendano nobis repugnat. Revertamur ergo et desistamus devastare velle regionem alienam.» Et factum est ita. Et oblatus est sancto Brendano in via quidam mutus ex utero matris suæ, et benedicente eo lingua ejus, statim liberatus est mutus. Sanctus vero Brendanus, anno vitæ suæ nonagesimo tertio, plenus virtutibus et miraculis migravit ad Dominum XVII kalendas junii, et in Cluernaca sepelitur.»

Il est probable qu'en se livrant à plus de recherches on découvrirait encore d'autres éditions de la légende latine ; mais je me suis abstenu de ce travail, parce qu'il m'a paru assez peu utile.

Quant à la croyance qu'on eut long-temps aux aventures merveilleuses de saint Brandaines et à la réputation générale qu'elles obtinrent, il me suffira de citer ces paroles de Raoul Glaber, liv. II, ch. II, *que sous le roi Robert on ajoutait foi aux fables de la vie de saint Brendan* (voyez l'abbé Lebeuf, *Recueil de divers écrits*, tom. II, pag. 70, Paris 1738), et ces quatre vers de l'un de nos plus anciens poëmes, le *Roman du renard*, édit. de M. Méon, tome II, page 96 :

> Je fot savoir bon lai Breton ,
> Et de Merlin et de Foucon ,
> Del roi Artu et de Tristan ,
> Del chievre oil , de SAINT BRENDAN , etc.

Cette dernière mention est importante sous plusieurs rapports, d'abord parce qu'elle prouve qu'il y avait un *lai* de saint Brendan, c'est-à-dire un poëme qui dut devenir populaire, comme il paraît que la plupart des *lais bretons* l'ont été; ensuite, parce qu'elle vient singulièrement appuyer la conjecture émise par M. Gœrres, dans son introduction historique au poëme allemand Lohengrin, *que la légende de saint Brandaines est basée en grande partie sur des traditions bretonnes*, « ALTBRETONISCHE MYTHEN ».

Mais ce qu'il y a de plus singulier dans les traditions qui se rapportent à notre saint, est sans aucun doute la fameuse question géographique touchant l'île inabordable et invisible qui porte son nom, île qui, selon l'expression assez énergique d'un auteur espagnol, Don Joseph Vieja y Clavijo (1), *ne se trouve pas quand on la cherche* (QUANDO SE BUSCA NO SE HALLA).

---

(1) Voyez son livre intitulé : — *Noticias de la Historia general de las islas de Canaria*, p. 78 , t. 1, *imprenta de Blas Roman*, Madrid, MDCLXXII. Cet écrivain a commis une singulière erreur bibliographique, relativement à la légende de saint Brandaines, dans une note qu'il a mise au bas de la page 94 de son ouvrage. Voici en effet la traduction de ses

Je ne veux pas me jeter ici dans les débats qui ont eu lieu en divers temps à ce sujet ; mais je ne puis m'empêcher de relever l'opinion de l'auteur espagnol que j'ai cité tout à l'heure, lorsqu'il avance que la croyance au voyage de saint Brandaines, et surtout à l'existence et à l'apparition de l'île qui porta son nom, est postérieure à la découverte et à la conquête des Canaries, *parce que*, dit-il, *si les historiographes de Béthencourt-le-Grand avaient eu connaissance de cette tradition, il est probable qu'ils n'eussent pas oublié d'en faire mention.* Ceci ne me paraît pas tout-à-fait concluant. Jean de Béthencourt, chambellan de Charles VI, ne se rendit maître des Canaries que vers 1400, et nous voyons que bien auparavant cette époque, la légende de saint Brandaines avait cours. Est-il

---

paroles : — « En 1494, on imprima à Bâle, avec figures, l'histoire du voyage de saint Brendan, traduite d'un poëme allemand en latin, par Jacob Locher, sous le titre suivant : — *Narratio profectionis nunquam satis laudatæ navis a S. Brandano vernaculo rithmo nuper fabricata, et per Jacobum Locher, philo-musum, suevum, in* LATIUM (il faudrait au moins LATINUM) *traducta. Edita Basileæ cum figuris anno 1494 a Sebastiano, seu Titio Argentinensi.* »

Je rapporte exprès cette note afin de montrer combien d'erreurs elle contient. D'abord, il ne s'agit pas le moins du monde de la légende de saint Brandaines. Le livre auquel Joseph Vieja fait allusion, est une *nef des fous*. La Bibliothèque du Roi en possède plusieurs exemplaires. Le frontispice représente le *navis stultorum*, et au-dessus il y a écrit : *stultifera navis*. En outre, voici le titre exact de cet ouvrage : — *Narragonice profectionis nunquam satis laudata navis, per* SEBASTIANUM BRANT, *vernaculo vulgari que sermone et rhytmo,.... nuper fabricata*, etc. On voit que Vieja a pris Sébastien Brant pour saint Brandaines, probablement à cause des abréviations, et qu'il a métamorphosé l'adjectif *Narragonice*, composé du substantif allemand *Narr*, fou, et du verbe grec αγω, αγειν, conduire, ou peut-être du mot αγων, combat, jeu, assemblée, en celui de *Narratio*.

croyable, d'ailleurs, qu'avec l'amour de l'embellissement et du merveilleux qui régnait chez nos aieux, on ait attendu du vi° siècle jusqu'au xv° pour *inventer* l'île de Saint-Brendan? Je ne le pense pas. Ce qu'il y a de constant, c'est qu'à dater du commencement du xvi° siècle, le bruit de l'existence de cette nouvelle terre était tellement répandu, que le Portugais Louis Perdigon rapporte que le roi de Portugal avait fait cession de cette île à son père, *s'il la découvrait*, et que dans les articles du traité de paix d'Évora, par lequel la couronne de Portugal céda à celle de Castille son droit à la conquête des Canaries, elle comprit dans le nombre celle de Saint-Brendan, qu'elle appela la *non - trouvée*.

L'apparition de cette île fut, pendant les deux cents années qui précédèrent le xviii° siècle, la grande chimère des Espagnols, et l'on y crut avec un tel sérieux, que plusieurs personnes sacrifièrent leur repos et leur fortune à la découverte de l'île de Saint-Brendan.

La première expédition, qui eut lieu dans ce but, fut celle de Fernando de Troya, et de Fernando Alvarez, en 1526; elle ne produisit, comme on le pense bien, aucun résultat, pas même celui de décourager les partisans de l'erreur singulière qui avait entraîné ces deux hommes à la recherche de l'île inconnue, puisque plus tard le docteur Herman Perez de Grado fit partir un petit armement destiné à la même découverte. Cette nouvelle tentative ne fut pas plus heureuse que la précédente.

Enfin, une troisième expédition, confiée à des marins renommés, Fray Lorenzo Pinedo et Gaspard Perez de Acosta, partit du port de Palma, qui avait vu échouer l'une des entreprises antérieures, et n'obtint pas plus de succès.

Il est probable qu'alors le zèle des Espagnols se refroidit considérablement ; car pendant un siècle, il ne fut plus question de s'aventurer à la découverte de cette île dont on avait tant parlé ; mais en 1721 Don Juan de Mur, gouverneur des Canaries, confia à Gaspard Dominguez un navire qui, parti du port de Santa-Cruz, y revint après plusieurs mois, sans avoir rien découvert. Depuis lors aucune autre expédition n'a été tentée ; mais le bas peuple, en Espagne, est resté long-temps encore persuadé que l'île de Saint-Brendan, qu'il nomme SAN BORONDON, avait servi de retraite au roi Rodrigue contre les Maures ; que ce roi s'y était retiré comme dans une forteresse impénétrable (1) ; enfin, qu'elle était divisée en sept villes opulentes ; qu'elle avait un archevêque, six évêques, des ports, de larges rivières, et que le peuple qui l'habitait était chrétien, riche, et comblé de tous les dons de la fortune.

Quant aux Portugais, leur imagination ne se mit pas moins en frais que celle des Espagnols. Ils ont été long-temps convaincus que l'île de Saint-Brendan était l'asile du roi Don Sébastien, et lorsqu'ils aperçurent les Indes pour la première fois, ils crurent, ainsi que l'a dit M. Ferdinand Denis dans la partie de sa cosmographie fantastique, mise au jour par l'*Europe littéraire*, être enfin parvenus à découvrir l'île de Saint-Brandaines ; tant il est vrai que l'esprit humain aime et recherche l'impossible, tant il est certain que presque jusqu'à nos jours on a été le jouet de fables !…

(1) Voyez aussi ce que dit sur l'île de Saint-Brendan, qu'il nomme *Antilia*, Pedro de Medina, dans son ouvrage intitulé : — *Libro de Grandezas y cosas memorables de España, dirigida al serenisimo y muy esclarecido señor don Filipe principe de España, nuestro señor.*

Pour nous, nous ne pouvons mieux faire que de rapporter l'opinion de l'un de nos meilleurs géographes, M. Malte-Brun, qui, d'accord en cela avec son savant collaborateur et ami M. de Larenaudière, aujourd'hui président de la Société de géographie, et le seul homme, peut-être, qui s'occupe encore de cette science avec activité et succès, a dit, dans sa description des îles africaines occidentales :

« A l'ouest des Canaries, une tradition très-répandue, mais très-obscure, place une île nommée Saint-Brandon ou Saint-Borondon. On prétend même qu'elle était visible des rivages de l'île de Palma..... Ces traditions peuvent avoir pour fondement une de ces illusions optiques par lesquelles l'image d'une côte réelle est répétée dans les nuages. Peut-être aussi quelque volcan sous-marin, existant à l'ouest des Canaries, fait-il tour à tour paraître et disparaître les parois de son cratère. »

Qu'il me soit permis, en finissant, d'adresser mes remercîmens publics au savant conservateur de la Bibliothèque impériale de Vienne, M. Ferdinand Wolf, qui a bien voulu me transmettre sur Saint-Brandaines tous les renseignemens bibliographiques que sa profonde érudition a pu lui fournir, ainsi qu'à M. Dubeux, conservateur-adjoint au département des imprimés de la Bibliothèque du Roi, qui a été assez bon pour m'aider de ses conseils et de ses lumières dans la collation que j'ai faite des divers textes latins. De pareilles approbations me sont trop précieuses pour que je les passe sous silence, et il y aurait de l'ingratitude à ne pas proclamer tout haut les encouragemens qu'on reçoit.

Achille JUBINAL.

Uita Sancti Brendani abbatis.

Sanctus Brendanus, filius Finlocha, nepotis Alti de ge-
nere Eogeni, e stagnile regione Mimensium ortus fuit.
Hic erat vir magne abstinentie et virtutibus clarus, trium-
que fere millium pater fuit monachorum. Cum autem es-
set in suo certamine, in loco qui dicitur *Saltus* (1),
contigit ut quidam patrum ad illum quodam vespere ve-
nisset, nomine Barintus, nepos Neil regis; cumque in-
terrogaretur multis sermonibus a predicto patre, cepit
lacrymari et se prosternere in terram, et diutius perma-
nere in oracionibus; set sanctus Brendanus erexit illum
de terra, et osculatus est illum, dicens : « Pater, cur tris-
« ticiam habemûs in adventu tuo? Nonne ad consolacio-
« nem nostram venisti? Magis leticiam tu debes fratribus
« parare. Propter Deum indica nobis verbum Dei, atque
« refice animas nostras de diversis miraculis que vidisti .

___

(1) La leçon des Mss. numérotés 5572 et 5784 est : « Saltus virtu-
tum Brendani.»

« in Oceano. » Tunc sanctus Barintus, expletis hiis ser-
monibus, cepit narrare de quadam insula, dicens : —
« Filiolus meus Mernoc nomine, procurator pauperum
Christi, confugit a facie mea, et voluit esse solitarius,
invenitque insulam juxta montem lapidis valde delicio-
sam (1). Post multum vero temporis, nunciatum est mihi
quod plures monachos secum haberet, et multa mirabilia
per illum ostenderet Deus. Itaque perrexi illuc ut visitarem
filiolum meum; cumque appropinquassem iter trium die-
rum, in occursum meum venit cum fratribus suis. Reve-
laverat enim Deus illi adventum meum; navigantibus
enim nobis in predictam insulam processerunt obviam
sicut examen apum, ex diversis cellulis suis. Erat enim
habitacio eorum sparsa. Tamen unanimiter illorum con-
versacio in spe, fide et charitate fundata erat. Una refec-
tio ad opus Dei perficiendum, una ecclesia est. Nichil
aliud cibi ministrabatur illis, nisi poma et nuces atque
radices, et cetera genera herbarum. Fratres, post com-
pletorium, in singulis cellulis usque ad gallorum cantus
seu campane pulsum pernoctabant. Dum autem ego et
filiolus meus perambularemus totam insulam, duxit ipse
me ad littus maris contra occidentem, ubi erat navicula
pusilla et dixit michi : — Pater ascende navem et navige-
mus contra orientalem plagam, ad insulam que dicitur
terra repromissionis sanctorum, quam Deus daturus est
successoribus nostris in novissimo tempore. » Ascenden-
tibus igitur navim nobis et navigare incipientibus, ne-
bule cooperuerunt nos undique in tantum ut vix pos-

---

(1) Les Mss. numérotés 5572 et 5784 portent : « Nomine Deliciosam. »

semus pupim aut proram navis videre. Transacto quasi
unius hore spatio, circumfulsit nos lux ingens, et appa-
ruit terra spatiosa et herbosa, pomiferaque valde. Cum-
que stetisset navis ad terram, descendimus nos et cepimus
nos circumire et ambulare illam insulam per quindecim
dies, et non potuimus finem illius invenire. Nichil igitur
herbè vidimus sine flore et arborum sine fructu : lapides
enim ipsius omnes precioso genere (1) sunt. Porro, quinto
decimo die, invenimus fluvium vergentem ad orientalem
plagam ab occasu (2); cumque consideraremus hec
omnia, dubium nobis erat quid agere deberemus. Placuit
itaque nobis transire flumen, sed expectavimus Dei con-
silium. Cum hec exposuissemus inter nos, subito appa-
ruit nobis quidam vir cum magno splendore coram nobis,
qui statim propriis nominibus nos appellavit atque saluta-
vit, dicens : « Euge, boni fratres; Dominus enim revela-
vit vobis istam terram quam daturus est sanctis suis. Est
enim medietas insule istius usque ad istud flumen; vo-
bis autem non licet transire. Revertimini ergo unde ve-
nistis. » Cum hec dixisset, interrogavimus eum unde
esset, aut quo nomine vocaretur. Qui dixit michi : « Cur
interrogas unde sim, aut quo nomine vocer? Cur non
pocius interrogas de ista insula? Nam sicut vides illàm
modo, ita ab initio mundi permanet. Ergo indiges ali-

---

(1) Les Mss. numérotés 5572 et 5784 portent pour variante : « Preciosi
generis. »

(2) On trouve au Mss. numéroté 2535, « ab occursu. » Je n'ai pas hésité
à remplacer ce mot par celui de « ab occasu », qui me paraît avec d'au-
tant plus de probabilité le véritable, qu'on lit aux Mss. 5572 et 5784 :
« Fluvium vergentem ab orientali parte ad occasum. »

quid cibi, aut potus? Numquid fuisti oppressus somno,
aut nox te cooperuit? Ergo certissime scias : dies est
semper sine ulla cecitate vel caligine tenebrarum hic.
Dominus enim noster Jesus Christus lux ipsius est, et
nisi homines contra Dei preceptum egissent, in hac
terre amenitate permansissent.» Quod nos audientes, in
lacrimis conversi sumus, qui postquam quievimus, con-
festim inchoavimus iter; et ille vir predictus nobiscum ve-
nit usque ad littus ubi erat navicula nostra. Nobis autem
navim ascendentibus, raptus est vir ille ab oculis nostris,
et venimus nos ad predictam caliginem, ad insulam deli-
tiosam. At ubi viderunt nos fratres, exultabant exultacione
magna de adventu nostro, et plorabant de absentia nos-
tra, multo tempore, dicentes: « Cur, patres, dimisistis
oves vestras sine pastore in ista silva errantes? Novimus
autem abbatem nostrum frequenter a nobis discedere in
aliquam partem (1), et ibidem demorari aliquando unum
mensem, aliquando duas ebdomadas aut unam, sive plus
minusve.» — Cum hec audissem, cepi illos confortare
dicens : « Nolite, fratres, putare aliquid nisi bonum. Vestra
conversacio procul dubio est ante portam paradisi. Hic,
prope est insula que vocatur *terra repromissionis
sanctorum*, ubi nec nox imminet, nec dies finitur, illam-
que frequentat abbas Mernoc; angeli enim Dei custodiunt
illam. Nonne cognoscitis in odore vestimentorum nostro-
rum quod in paradiso Dei fuimus? » Tunc responderunt
fratres, dicentes : « Abba, novimus quia fuistis in paradiso (2)

---

(1) Les Mss. numérotés 5572 et 5784 ajoutent : «Nescimus in qua.»

(2) Le Mss. 5784 ajoute : « Sed spatium maris ubi est ille paradisus
ignoramus.»

Dei; nam sepe per fragrantiam vestimentorum abbatis
nostri probavimus quod pene usque ad quadraginta dies na-
res nostre tenebantur odore. Quibus ergo dixi : « Illic ego
mansi duas ebdomadas cum filiolo meo, sine cibo et potu.
In tantum enim sacietatem corporalem habuimus, ut
ab aliis videremus repleti multo. Post quadraginta vero
dies, accepta benedictione fratrum et abbatis, reversus
sum cum sociis meis ut redirem ad cellulam meam ad
quam iturus sum cras. » Hiis auditis, sanctus Brendanus
cum omni congregacione sua prostravit se ad terram
glorificantes Deum atque dicentes : « Justus est Dominus
in omnibus viis suis, et sanctus in omnibus operibus
suis, qui revelavit suis tanta et talia mirabilia, et bene-
dictus in donis suis qui hodie nos refecit spirituali gustu. »
Hiis finitis sermonibus, ait sanctus Brendanus : « Eamus
« ad refectionem corporis et ad mandatum novum. » Trans-
acta autem illa nocte, et accepta benedictione fratrum,
ad cellulam suam sanctus reversus est Barintus.

**Quomodo sanctus Brendanus cum fratribus suis terram promis-
sionis petivit.**

Igitur sanctus Brendanus de omni congregacione sua
elegit bis septem fratres (1), inter quos fuit preclarissi-
mus ac Deo dignus, adolescens Macutus, qui a Deo ab

---

(1) Tout ce passage touchant saint Malo est évidemment une interpola-
tion, et n'appartient point à la rédaction primitive : les deux Mss. du xie
siècle ne le contiennent pas. Voici ce que donne le Mss. numéroté 5572 :
« Elegit bis septem fratres ; conclusit se in uno oratorio cum illis, et lo-
cutus est ad eos dicens : Cumbellatores, etc. »

infantia sua est electus, et usque ad finem vite sue per-
mansit in Dei laudibus. Quod si quis nosse voluerit, perle-
gens ejus venerabilia gesta inveniet ejus opera prima et no-
vissima que preclara habentur. Hiis assumptis, venerabilis
pater Brendanus conclusit se in uno oratorio cum illis, et
locutus est ad eos, dicens : «Combellatores mei amantis-
« simi, consilium et adjutorium a vobis postulo, quia cor
« meum et cogitaciones mee conglutinate sunt in unam
« voluntatem ; tantum si voluntas Dei est, terram, de qua
« locutus est pater Barintus, repromissionis sanctorum, in
« corde meo preposui querere. Quid vobis videtur, aut
« quod consilium mihi vultis dare? » Illi vero, agnita
sancti patris voluntate, quasi uno ore dicunt ómnes :
« Abba, voluntas tua ipsa est et nostra. Nonne parentes
« nostros dimisimus? Nonne hereditatem nostram de-
« speximus? Nonne corpora nostra in manus tuas tradi-
« dimus? Itaque parati sumus sive ad mortem, sive
« ad vitam tecum ire. Unum tantum est ut queramus
« Domini voluntatem. » Definivit ergo sanctus Brenda-
nus et hii qui cum illo erant jejunium quadraginta die-
rum semper per triduanas agere, et postea proficisci.
Transactis jam quadraginta diebus, et salutatis fratribus
ac commendatis Preposito monasterii sui, qui fuit postea
successor in eodem loco, profectus est contra occiden-
talem plagam cum quatuordecim fratribus ad insulam cu-
jusdam sancti patris nomine *Aende*. Ibi demoratus est
tribus diebus et tribus noctibus. Post hec, accepta bene-
dictione sancti patris et omnium monachorum qui cum eo
erant, profectus est in ultimam partem regionis sue, ubi
demorabantur parentes ejus. Attamen noluit illos videre,

sed cujusdam summitatem montis extendentis se in Oceanum, in loco qui dicitur *Brendani sedes*, ascendit, ibique fuit tentorium suum, ubi erat et introitus unius navis. Sanctus Brendanus et qui cum eo erant, acceptis ferramentis, fecerunt naviculam levissimam, costatam et columnatam ex vimine, sicut mos est in illis partibus, et cooperuerunt eam coriis bovinis ac rubricatis in cortice roborina, linieruntque foris omnes juncturas navis (1), et expendia quadraginta dierum et butirum ad pelles preparandas assumpserunt ad cooperimentum navis, et cetera utensilia que ad usum vite humane pertinent (2). Tunc sanctus Brendanus precepit in nomine Patris et Filii et Spiritus sancti navem intrare, cumque ille solus stetisset in littore, et benedixisset portum, ecce tres fratres supervenerunt de suo monasterio post illum, qui statim ceciderunt ante pedes ejus, dicentes : « Pater carissime, « dimitte nos tecum ire in Christi caritate quo iturus « es, alioquin moriemur in isto loco fame et siti. De- « crevimus enim peregrinari tecum omnibus diebus vite « nostre. » Cumque vir Dei vidisset illorum angustiam, precepit illis intrare navem, dicens : « Fiat voluntas ves- « tra, filioli ; » addiditque : « Scio quomodo vos venis- « tis. Iste frater bonum opus operatus est ; nam Deus « preparavit sibi aptissimum locum ; vobis autem prepa- « ravit detrimentum et judicium. » ·

---

(1) Les Mss. numérotés 5572 et 5784 ajoutent : « Pellium ex butiro.»

(2) Les manuscrits déjà cités ajoutent encore : « Arborem posuerunt in medio navis fixum, et velum, et cetera que ad gubernationem navis pertinent. »

Quomodo Sanctus Brendanus navem intravit.

Ascendit autem sanctus Brendanus in navem, et extensis velis ceperunt navigare contra solsticium estivale. Habebant autem prosperum ventum, nichilque eis opus fuit navigare, nisi tantum vela tenere; post duodecim vero dies cessavit ventum, et ceperunt navigare usque dum vires eorum deficerent. Tunc sanctus Brendanus cepit illos confortare atque admonere, dicens : « Fratres, « nolite formidare; deus enim noster nobis adjutor est, « nauta et gubernator. Mittite intus omnes remiges et « gubernacula; tantum dimittite vela extensa, et faciat « Deus sicut vult de servis suis et de navi sua. » Reficiebant autem semper ad vesperum, et aliquando ventum habebant. Tamen ignorabant ex qua parte veniebat, aut in quam partem ferebatur navis. Consummatis autem jam quadraginta diebus, et omnibus dispendiis que ad victum pertinebant, consumptis, apparuit eis quedam insula ex parte septentrionali, valde saxosa et alta. Cum autem appropinquassent ad litus, viderunt ripam altissimam sicut murum, et diversos rivulos descendentes de summitate insule, fluentes in mare. Tamen minime potuerunt invenire portum ubi staret navis. Fratres vero vexati erant valde fame et siti; singuli vero acceperunt vasa ut aliquid de aqua possent sumere. Sanctus autem Brendanus hec cum vidisset, dixit: « Nolite hoc facere, fratres; stultum est « enim quod agitis, quando Deus non vult nobis ostendere « portum intrandi et vultis facere rapinam; dominus « enim Jhesus Christus post tres dies ostendet servis suis

« portum et locum manendi, ut reficiantur corpora vexa-
« torum.» Cum autem circuirent per tres dies illam in-
sulam, tercia die, circa horam nonam, invenerunt portum
ubi erat aditus unius navis, et statim sanctus Brendanus
surrexit et benedixit introitum. Erat namque petra incisa
ex utraque parte mire altitudinis, sicut murus; cum vero
ascendissent omnes de navi et stetissent in terra, precepit
sanctus Brendanus ut nihil de supellectili tollerent de navi.
Porro ambulantibus illis per ripam maris, occurrit eis canis
per quamdam semitam, et venit ad pedes sancti Brendani,
sicut solent canes venire ad pedes dominorum suorum.
Tunc sanctus Brendanus dixit fratribus suis : « Nonne bo-
« num nuntium donavit vobis Deus? Sequimini eum. »
Et secuti sunt fratres canem illum usque ad unum oppi-
dum.

De quodam oppido quod invenerunt.

Intrantes autem oppidum viderunt aulam magnam ac
stratam lectulis et sedibus, aquamque ad pedes lavandos.
Cum autem resedissent precepit sanctus Brendanus sociis
suis, dicens : « Cavete, fratres, ne Sathanas perducat vos in
« temptacionem. Video enim illum suadentem uni ex tri-
« bus fratribus nostris, qui post nos venerunt de nostro
« monasterio, de furto pessimo. Orate pro anima ejus,
« nam caro tradita est in potestatem Sathane. » Illa autem
domus, in qua residebant, erat quasi per parietes in cir-
cuitu de appendentibus vasculis diversi generis metalli,
frenisque et cornibus circumdatis argento. Tunc sanctus
Brendanus dixit ministro suo, qui solebat panem appo-

nere fratribus : « Fer prandium, quod nobis misit Deus. »
Qui statim surgens invenit mensam positam et linteamina
et panes singulos miri candoris et pisces. Cumque oblata
fuissent omnia, benedixit sanctus Brendanus prandium
et Fratres, et dixit: «Qui dat escam omni carni, confitemini
« Deo celi. » Residebant igitur fratres et magnificabant
Dominum. Similiter et potum quantum volebant sume-
bant. Finita autem cena, et opere Dei finito, dixit predic-
tus vir : « Requiescite ; ecce singuli lecti bene strati.
« Opus est nobis ut repausentur membra nostra fessa labore
« nimio navigii nostri. » Cum autem fratres obdormis-
sent, vidit sanctus Brendanus opus diaboli, id est infan-
tem Ethiopem habentem frenum in manu, et vocantem
predictum fratrem. Sanctus autem Brendanus statim sur-
rexit et cepit orare pernoctans usque ad diem. Mane vero
jam facto, cum fratres ad opus Dei festinassent et post
hoc iterum iter agere vellent ad navem, ecce apparuit
mensa parata sicut et pridie; ita et per tres dies et per tres
noctes preparavit Deus prandium servis suis. Post hec
sanctus Brendanus cum sociis suis cepit iter agere et fra-
tribus dicere: « Videte ne aliquis ex vobis aliquid de
« substantia istius insule tollat secum. » At illi omnes
responderunt : « Absit, pater, ut aliquis iter nostrum furto
violet. » Tunc sanctus Brendanus ait : « Ecce frater noster
« quem predixi vobis heri habet frenum argenteum in
« sinu suo, quod hac nocte dedit ei diabolus. » Cum hec
audisset predictus frater, jactavit frenum de sinu suo, et
cecidit ante pedes sancti viri, dicens : « Pater, peccavi;
« ignosce et ora pro anima mea, ne pereat. » Tunc prostra-
verunt se ad terram deprecantes Dominum pro anima fra-

tris. Levantes autem se fratres a terra, elevatoque fratre
a predicto patre sancto, ecce viderunt Ethiopem exire par-
vulum de sinu illius, ululantem voce magna et dicentem :
« Cur me, vir Dei, pellis de mea habitacione in qua
« habitavi septem annis, et facis me alienari ab heredi-
« tate mea? » Ad hanc vocem sanctus Brendanus dixit :
« Precipio tibi in nomine Domini Jhesu Christi, nullum
« hominem ledas usque in diem judicii; » Et conversus
« ad fratrem, dixit : « Sume, inquit, corpus et sangui-
« nem Domini, quia anima tua modo egredietur de cor-
« pore, et hic habebis locum sepulture. Frater autem
« tuus, qui tecum venit de monasterio in inferno habebit
« locum sepulture. » Itaque accepta Eucharistia, anima
fratris egressa est de corpore et suscepta est ab Angelis
lucis, videntibus fratribus. Corpus vero ejus conditum est
in eodem loco. Igitur fratres cum sancto Brendano vene-
runt ad litus ejusdem insule ubi navis erat. Ascendenti-
bus autem illis in navim, occurrit eis juvenis portans
cophinum plenum panibus et amphoram aque plenam,
qui dixit eis : « Sumite benedictionem de manu servi ves-
« tri. Restat enim vobis longum iter, donec inveniatis
« consolacionem. Tamen non deficiet vobis panis neque
« aqua ab isto die usque in Pentecostem (1). » Accepta
autem fratres benedictione, ceperunt navigare in Ocea-
num, semperque biduanis reficiebant. Et ita per diversa
loca oceani ferebatur navis. Quadam vero die viderunt
insulam non longe, et cum ceperunt navigare ad illam,

---

(1) Le Mss. numéroté 5572 écrit : « Pascha. »

subvenit illis prosper ventus (1), ut non laborarent ul-
tra vires.

De quadam insula ubi multas oves invenerunt.

Cum autem navis stetisset in portu, precepit vir Dei
omnes exire de navi. Ipse autem post omnes egressus est.
Circumeuntes insulam viderunt aquas largissimas manare
ex diversis fontibus telluris plenas omnibus piscibus.
Dixitque sanctus Brendanus fratribus : « Faciamus hic
« opus divinum, et sacrificemus Deo agnum immacula-
« tum ; quia hodie cena Domini est. » Et ibi manserunt
usque in sabbatum sanctum Pasche. (2) Invenerunt eciam
ibi multos greges ovium unius coloris, id est albi, ita ut
non possent terram videre pre multitudine ovium. Convo-
catis autem fratribus, vir sanctus dixit eis : « Accipite que
« sunt necessaria ad diem festum de grege.» Illi autem
acceperunt unam ovem et cum illam ligassent per cor-
nua, sequebatur quasi domestica, sequens illorum ves-
tigia. At ille : « Accipite, inquit, unum agnum im-
maculatum. » Qui cum viri Dei mandata complessent,
paraverunt omnia ad opus diei crastine. Et ecce apparuit
illis vir portans plenam sportellam panibus succineriis et
alia necessaria victui. Cum hec posuisset ante virum Dei,
cecidit primus ante faciem suam tribus vicibus, ad pedes
sancti patris, dicens cum lacrimis : « Unde hoc meis me-

---

(1) Le Mss. numéroté 5784 ajoute : « In adjutorium.»
(2) On lit au Mss. numéroté 5784 : « Perambulantes autem illam insu-
lam invenerunt, etc.»

« ritis, o margarita Dei, ut pascaris in istis sanctis diebus
« de labore manuum mearum ? » Tunc sanctus Brendanus,
elevato eo de terra, et dato ei osculo, dixit : « Fili,
« Dominus noster Jhesus Christus providit nobis locum
« ubi possimus celebrare suam sanctam resurrectio-
« nem (1). » Cum hec dixisset, cepit obsequium famu-
lorum Dei facere, et omnia que necessaria erant in cras-
tinum preparare. Allatis autem ad navim copiis, dixit vir
ad sanctum Brendanum : « Vestra navicula non potest
« amplius portare : ego autem vobis transmittam post
« octo dies, que necessaria erunt cibi et potus usque
« in Pentecostem. » Cui vir Dei dixit : « Unde nosti in
« fide tua ubi nos erimus post octo dies ? » Cui ait : « Hac ,
« nocte eritis in illa insula quam videtis prope, et cras
« usque in horam sextam. Postea navigabitis usque ad
« illam insulam, que est non longe ab ista, contra oc-
« cidentalem plagam que vocatur *Paradisus avium.*
.« Ibique manebitis usque ad octabas Pentecostes. » Inter-
rogabat quoque sanctus Brendanus illum quo modo po-
tuissent oves tam magne esse sicut sunt ibi (2); erant
enim majores quam boves. Cui ille dixit : « Nemo colligit
« lac de ovibus in hac insula, nec illas constringit hyens,
« set in pascuis semper commorantur (3), et ideo ma-
jores sunt hic, quam in vestris regionibus. » Profectique

---

(1) Les Mss. numérotés 5572 et 5784 ajoutent ce qui suit : «Cui ait pre-
dictus pater : « *Hic celebrabitis istud sabbatum sanctum. Vigilias vero*
« *et missam cras in illa insula quam modo videtis, proposuit vobis Deus*
« *celebrare.*»
    (2) Le Mss. numéro 5572 porte : « Sicut ibi vis est.»
    (5) Le Mss. numéro 5784 porte : « Die nocteque.»

sunt ad navem, et ceperunt navigare data vicissim bene-
dictione. Cum autem appropinquassent ad illam insulam
stetit navis, antequam portum illius potuissent obtinere.
Sanctus autem vir precepit fratribus in mare descendere,
et tenere navem ex utraque parte cum funibus, donec ad
portum veniret, erat enim illa insula sine herba. Silva rara
erat ibi, et in litore illius nichil harene residebat. Porro
fratribus in oracionibus deforis pernoctantibus, vir sanctus
solus remanserat intus; sciebat enim qualis erat insula,
set noluit indicare fratribus ne terreri pocius potuissent;
mane autem facto, precepit sacerdotibus ut singuli mis-
sas celebrarent, et ita fecerunt, cumque beatus Bren-
danus et ipse cantasset in navi, exportaverunt carnes cru-
das fratres de navi ut comederent illas sale, et pisces
quos secum tulerant de alia insulá, posueruntque caca-
bum super ignem ; cum autem ministrassent ligna igni,
et fervere cepisset cacabus, cepit illa insula se movere si-
cut unda. Fratres vero cucurrerunt ad navem, implorantes
patrocinium patris sui. Pater autem singulos illos per ma-
nus intus in navem traxit, relictisque omnibus delatis in
insula illa, navim solverunt ut abirent. Porro eadem insula
mersit se in Oceanum. Jamque potuerant ignem arden-
tem ultra duo videre miliaria, et sanctus Brendanus ita
fratribus cepit exponere quid hoc esset : « Fratres, mira-
« mini quid hec fecit insula. » Aiunt : « Admiramur,
« pater, valde, et ingens pavor penetravit nos. » Qui dixit
ad illos : « Filioli, nolite expavescere; Deus enim revelavit
« michi hac nocte sacramentum hujus rei. Insula non est
« ubi fuimus, sed piscis omnium prior natancium in
« Oceano, et querit semper ut suam caudam jungat capiti

« suo ; sed non potest pre longitudine. Hic habet nomen
« Jasconius. » Cum autem navigarent juxta insulam ubi
per triduum fuerant antea, et venissent ad summitatem
illius, contra Occidentem viderunt aliam insulam prope
junctam, interveniente freto non magno, herbosam valde
et nemorosam et plenam floribus. Ceperuntque tendere
ad portum insule.

Quomodo idem vir Dei locutus est ad avem.

Sed navigantes contra meridianam plagam ejusdem in-
sule, invenerunt rivulum vergentem in mare, ubi navicu-
lam terre applicuerunt. Exeuntibus autem fratribus de
navi, jussit vir sanctus ut ipsam navem contra alveum
fluminis funibus traherent. Erat autem tante latitudinis
flumen quante erat navis. Traxerunt ergo navem unius
spacio miliarii, donec ad fontem venirent ejusdem flumi-
nis, sancto viro intus sedente. Considerans autem sanc-
tus pater, dixit : « Ecce, fratres, Dominus dedit nobis lo-
« cum aptum in sua sancta resurrectione manendi. » et
addidit : « Si non haberemus alia stipendia, sufficeret no-
« bis, ut credo, ad victum et potum fons iste. » Erat enim
fons admirabilis nimis. Super ipsum fontem autem erat ar-
bor ingens, mire beatitudinis, sed non magne altitudinis,
cooperta avibus candidissimis, in tantum ut rami ejus et
folia minime viderentur. Cumque hec vidisset vir Dei, ce-
pit intra se cogitare quidnam esset aut quid cause foret,
quod tanta avium multitudo in unam possit esse collec-
tionem. Que res tantum viro Dei tedium genuit, ut etiam
lacrimas fundendo genibus provolutus Dominum precare-

tur, dicens : « Deus, cognitor incognitorum et abscondi-
« torum revelator, tu scis angustiam cordis mei; ideo
« precor te, ut michi peccatori digneris per tuam ma-
« gnam misericordiam, revelare tuum secretum, quod
« modo pre oculis meis video. Non hoc autem dignitatis
« proprie merito, set tue clemencie respectu presumo. »
Hiis dictis, ecce una ex illis avibus volavit de arbore. So-
nabant autem ale ejus sicut tintinabula contra navem ubi
vir Dei sedebat. Que cum sedisset in summitate prore,
cepit alas extendere in signum leticie, et placido vultu
aspicere sanctum patrem Brendanum. Tunc vir Dei in-
telligens quia Deus recordatus esset ejus deprecationem,
ait ad avem : « Si nuncius Dei es, narra mihi unde sint
« aves iste, aut pro qua re illarum collectio hic sit. » Que
statim ait : « Nos sumus de magna illa ruina antiqui hos-
« tis; set non peccando aut consentiendo sumus lapsi; set
« Dei pietate predestinati, nam ubi sumus creati, per lap-
« sum istius cum suis satellitibus contigit nostra ruina.
« Deus autem omnipotens, qui justus est et verax, suo
« judicio misit nos in istum locum. Ponas non sustine-
« mus. Presentiam Dei ex parte non videre possumus,
« tantum alienavit nos consorcio illorum, qui stete-
« runt. Vagamur per diversas partes hujus seculi, aeris
« et firmamenti et terrarum sicut et alii spiritus qui
« mittuntur. Set in sanctis diebus dominicis, accipimus
« corpora talia que tu vides, et per Dei dispensacionem
« commoramur hic et laudamus creatorem nostrum. Tu
« autem cum fratribus tuis habes unum annum in itinere,
« et adhuc restant sex. Et ubi hodie celebrastis Pascha,
« ibi omni anno celebrabitis, et postea invenies que pre-

« posuisti in corde tuo, id est terram repromissionis sanc-
« torum. » Et cum hoc dixisset, levavit se de prora illa
avis, et ad alias reversa est. Cum autem vespertina hora
appropinquasset, ceperunt omnes quasi una voce cantare
percucientes latera, atque dicentes : « Te decet hymnus
« Deus in Syon, et tibi reddetur votum in Jherusalem
« per servicium nostrum. » Et semper reciptabant predi-
ctum versiculum quasi per spacium unius bore, et audie-
batur illa modulacio et sonus alarum, quasi carmen can-
tus (1) pre suavitate. Tunc sanctus Brendanus ait fratribus
suis : « Reficite corpora vestra, quia hodie animas vestras
« divina resurrectione Dominus saciavit. » Finita autem cena,
pactoque opere divino, vir Dei et qui cum illo erant de-
derunt corpora quieti, usque ad terciam noctis vigiliam.
Evigilans vero vir Dei suscitavit fratres ad vigilias noctis,
sancte incipiens illum versiculum : « *Domine, labia mea*
aperies. » Finita autem viri Dei sentencia, omnes alie aves
alis et ore sonabant dicentes : « *Laudate Dominum*
« *omnes Angeli ejus, laudate eum omnes Virtutes*
« *ejus.* » Similiter ad vesperum per spacium unius hore
semper cantabant; cum autem aurora refulsisset, cepe-
runt cantare, et sic splendor Domini Dei nostri super nos
equali modulacione et longitudine psallendi sicut in ma-
tutinis laudibus. Similiter ad terciam horam versiculum
istum : « *Psallite Deo nostro, psallite, psallite regi no-*
« *stro, psallite sapienter.* » Ad sextam : « *Illuminavit*
« *Dominus vultum suum super nos, et misereatur*
« *nostri.* » Ad nonam autem psallebant : « *Ecce quam*

---

(1) Les Mss. 5572 et 3784 portent : « planctus. »

« *bonum et quam jocundum habitare fratres in unum.* »
Ita die et nocte ille aves reddebant laudes Deo. Igitur
hec videns sanctus Brendanus, gracias referebat Deo su-
per omnibus mirabilibus suis, et usque in octavum diem
festivitatis paschalis reficiebantur fratres cibo spirituali.

De avibus cantantibus.

Consummatis itaque diebus festis, dixit sanctus Bren-
danus : « Accipiamus de isto fonte stipendia ; usque modo
« non fuit nobis opus, nisi ad manus vel ad pedes abluen-
« dos. » Hiis dictis, ecce predictus vir cum quo fuerunt
triduo ante Pascha, qui tribuit illis alimenta pascalia, ve-
nit ad illos cum sua navi, victu atque potu referta. Allatis
itaque omnibus de navi coram sancto patre, loqutus est
ad illos vir Dei dicens : « Viri fratres, ecce habetis suffi-
« cienter usque ad sanctam Pentecostem ; set nolite bi-
« bere de hac fonte, fortis namque est ad bibendum. Na-
« tura enim illius est talis : quisquis bibit ex eo, statim
« super eum sopor est, et non vigilat donec compleantur
« vinginti quatuor hore. Dum autem a fonte manat fo-
« ras, habet saporem aque et naturam. » Post hec verba,
accepta benedictione sancti patris, reversus est in locum
suum. Sanctus Brendanus mansit in eodem loco cum fra-
tribus suis usque in Pentecostem. Erat enim refocillacio
illorum avium cantus. Die vero Pentecostes, cum sanctus
vir Brendanus cum fratribus missam celebrasset, venera-
bilis procurator eorum advenit portans omnia que ad opus
diei festi erant necessaria. Cum autem simul discumberent
ad prandium, loqutus est ad illos vir idem, dicens : « Fra-

« tres, restat vobis magnum iter. Accipite de isto fonte
« vestra vascula plena, et panes siccos, quos possitis servare
« in alium annum; et ego vobis tribuam quantum vestra
« navis portare potest. » Cum autem hec perfinita essent,
accepta benedictione, reversus est. Sanctus itaque Bren-
danus post octo dies fecit onerare navem de omnibus que
sibi tribuit predictus vir, et de illo fonte omnia vascula
implere fecit. Ductis itaque omnibus ad litus, ecce pre-
dicta avis venit et in prora navis consedit. At vero vir
sanctus quia aliquid sibi vellet indicare cognoscens substitit.
Illa autem assumpta humana voce : « Nobiscum, inquit,
« celebrastis diem sanctum Pasche isto anno. Celebrabitis
« nobiscum ipsum diem et in futuro anno. Et ubi fuistis
« in anno preterito in cena Domini, ibi eritis in anno
« venturo in predicta die. Similiter noctem Domini cenam
« Pasche celebrabitis ubi prius celebrastis super dorsum
« scilicet belue Jasconii , invenietisque post octo menses in-
« sulam que vocatur *Ailbey*. Ibi celebrabitis nativitatem
« Christi. » Cum hec dixisset, reversa est in locum suum.
Fratres autem ceperunt extendere vela et navigare in Ocea-
num; et aves cantabant quasi una voce : « *Exaudi nos*
« *Deus salutaris noster, spes omnium finium terre et in*
« *mari longe.* » Igitur pater sanctus Brendanus, cum suis
fratribus super equora Oceani huc atque illuc agitabatur
per tres menses, nichilque poterant videre nisi celum et
mare, et reficiebant semper post biduum aut triduum.
Quadam vero die apparuit eis insula non longe. Cum au-
tem appropinquassent ad litus, traxit illos ventus in par-
tem, et ita per quadraginta dies navigaverunt per insule
circuitum, et non poterant portum invenire. Fratres au-

tem precati sunt Dominum cum fletu, ut illis adjutorium prestaret. Vires eorum pre nimia lassitudine jam pene defecerant. Cum autem permansissent in crebris oracionibus per triduum pariter et abstinencia, apparuit illis portus angustus, unius navis tantum receptabilis, et duo fontes, unus turbidus, et alter clarus. Fratribus autem festinantibus ad hauriendam aquam, vir Dei ad eos dixit : « Fi- « lioli, nolite facere illicitam rem. Sine licencia seniorum « qui sunt in hac insula nichil sumatis; tribuent enim « spontanee que vultis furtim auferre. »

De quodam viro qui occurrit sancto Brendano.

Igitur descendentibus de navi et considerantibus qua parte ituri essent, occurrit illis senex nimia senectute confectus, cujus capilli nivei erant coloris, et facies clara. Qui cum tribus vicibus sese ad terram prostravisset antequam oscularetur Dei virum, ille et qui cum illo erant elevaverunt de terra, seque invicem osculati sunt. Tunc tenuit manum sancti patris isdem senex, et ivit cum illo per spacium stadii unius, usque ad monasterium. Tunc sanctus Brendanus substitit ante portam monasterii, et dixit seni : « Cujus est istud monasterium, aut quis preest ibi? » Ita sanctus pater diversis sermonibus interrogabat senem; sed nunquam poterat ab illo ullum responsum accipere; sed tantum incredibili mansuetudine, manu silentium insinuabat. Ut autem agnovit pater decretum loci illius, fratres suos ammonuit dicens : « Custodite ora vestra a lo- « qucionibus, ne polluantur isti fratres per scurrilitatem « vestram. » Hiis auditis, ecce undecim fratres occurrunt

obviam cum capis et crucibus, et hymnis dicentes istum
versiculum : « Surgite sancti de mansionibus vestris, et
« proficiscemini obviam nobis. Locum sanctificate, plebem
« benedicite, et nos, famulos vestros, in pace custodire
« dignemini.» Finito hoc versiculo, pater monasterii oscu-
latus est Brendanum et suos socios per ordinem. Similiter
et ejus famuli osculati sunt familiam sancti viri. Data
pace vicissim, duxerunt illos in monasterium, sicut mos
est in occiduis partibus. Post hec, abbas monasterii cum
suis sociis monachis, cepit lavare pedes eorum, et can-
tare mandatum novum. Hiis finitis, cum silencio magno
duxit illos ad refectionem, pulsatoque signo et lotis mani-
bus fecit omnes residere. Iterum pulsato signo surrexit
unus ex fratribus monasterii, ministrans mensam panibus
miri candoris, et quibusdam radicibus incredibilis saporis.
Sedebant autem fratres mixtim cum hospitibus in ordine
suo. Inter fratres duos panis integer ponebatur. Iterum
minister, pulsato signo, ministravit fratribus. Abbas au-
tem hortatus est eos cum magna hylaritate dicens : « Fra-
« tres, ex hoc fonte de quo hodie furtim bibere volebatis,
« ex illo modo facite caritatem cum jocunditate et timore
« Domini. Ex alio fonte turbido quem vidistis, lavabantur
« pedes omni die quia omni tempore calidus est. Panes
« vero hos quos videtis nobis ignotum est ubi preparan-
« tur, aut quis apportat ad cellarium nostrum. Sed hoc
« notum est quod ex Dei dono in elemosina ministrantur
« nobis per aliquam subjectam creaturam, et fit in nobis
« quod veritas dicit :—Timentibus Deum nichil deest. Su ·
« mus vero vigenti quatuor fratres cotidie qui habemus
« duodecim panes ad nostram refectionem, inter duos sem-

« per singulos panes. In festivitatibus autem et dominicis
« diebus addit Dominus nobis integros panes singulis fra-
« tribus, ut cenam habeant ex fragmentis, et modo in
« adventu vestro duplicem annonam habemus; et ita nos
« Christe semper nutrit a tempore sancti Patricii, et sancti
« Ailbei patrum nostrorum, usque modo per octoginta
« annos. Attamen aut senectus aut langor in menbris
« nostris minime amplificatur in hac insula, nichilque ad
« comedendum indigemus, quod igne paratur, neque fri-
« gus aut estus superavit unquam. Set sumus quasi in
« paradiso Dei, et cum tempus venit missarum aut vigi-
« liarum, accenduntur luminaria in nostra ecclesia que
« adveximus de terra nostra divina predestinacione, et ar-
« dent semper in perpetuum, et non minuitur ullum ex
« hiis luminaribus. »

Postquam autem refecti sunt et biberunt tribus vici-
bus, abbas solito more pulsavit signum, et fratres unani-
miter cum magno silencio et graciarum actione (1) levave-
runt se de mensa, antecedentes sanctos patres ad ecclesiam.
Gradiebantur enim post illos sanctus Brendanus et pre-
dictus pater monasterii. Cum intrassent in ecclesiam, ecce
alii duodecim fratres exierunt obviam illis flectentes ge-
nua coram eis alacriter. Sanctus Brendanus hos videns, ait
patri : « Abba, cur isti non refecerunt vobiscum ?—Cur,
« ait pater ? Propter vos. Quia non potuit nostra mensa
« nos omnes capere in unum. Modo reficient, quia, Deo
« volente, nichil illis deerit. Nos autem intremus in ec-
« clesiam, et cantemus vesperas ut fratres nostri qui modo

---

(1) Les Mss. 5572 et 5784 écrivent « gravitate. »

« reficiunt, possint per tempus cantare suas. » Dum au-
tem prefinissent debitum vespertinale, cepit considerare
sanctus Brendanus, quomodo edificata erat illa ecclesia.
Erat enim quadrata tam longitudine quam latitudine et ha-
bebat septem luminaria ita ordinata : tria ante altare quod
erat in medio, et bina ante duo altaria. Erant enim altaria de
cristallo (1), calices et patene, urceoli, et cetera vasa que
pertinebant ad cultum divinum, itidem ex cristallo erant, et
sedilia viginti quatuor per circuitum ecclesie. Locus au-
tem ubi abbas sedebat, erat inter duos choros. Incipiebat ab
illo una turma, et illum finiebat, et alia turma similiter.
Nullus ex utraque parte ausus erat incoare versum nisi ab-
bas; nec in monasterio vox ulla audiebatur, nec ullus stre-
pitus, set si aliquid necesse fuisset alicui fratri, ibat ante
abbatem, et genu flexo ante illum postulabat que opus
illi erant. Et pater accepto stilo scribebat in tabula per
revelacionem Dei, et dabat fratri qui consilium postulabat
ab illo. Considerante autem intra se hec omnia sancto
Brendano, dixit ei abbas : « Pater, jam tempus est ut re-
« vertamur in refectorium, ut omnia fiant cum luce, sicut
« scriptum est : — Qui in luce ambulat, non offendit. »
Et ita fecerunt. Finitis omnibus secundum ordinem discur-
sus, omnes cum magna alacritate festinaverunt ad com-
pletorium. Abbas vero cum permisisset versiculum:—*Deus
in adjudtorium meum*, dedissetque simul honorem Trini-
tati, subjungunt istum versiculum : « Peccavimus, in-
« juste egimus, iniquitatem fecimus. Tu qui pius es, mise-
« rere nobis, Christe Domine. In pace in id ipsum dormiam

---

(1) Les Mss. 3784 et 3372 portent en outre « quadrato.»

«. et requiescam. » Post hec cantaverunt officium ad hanc horam pertinens. Jam consummato ordine psallendi exierunt fratres ad cellulas suas accipientes fratres hospites secum. Abbas vero cum sancto Brendano residens in ecclesia, luminis expectavit adventum. Brendanus autem beatus interrogavit patrem de silencio, et quomodo conversacio talis in humana carne posset servari. Tunc pater cum 'magna reverencia et humilitate respondit : « Abba, coram Christo fateor octoginta anni sunt ex quo « venimus in hanc insulam. Nullam vocem humanam au- « dit aliquis ab aliquo, excepto quando cantamus Deo « laudes. Inter nos viginti quatuor fratres non excitatur « vox, nisi per signum digiti aut oculorum, et hoc tan- « tum a majoribus natu. Nullus ex nobis sustinuit infir- « mitatem nunquam 'carnis aut spiritus qui necant hu- « manum genus, postquam venimus in hunc locum. » Sanctus Brendanus hec audiens, lacrimis perfusus, ait patri : « Nobis, queso, indicare digneris, licet hic nos « esse an non? » Qui ait : « Non licet, quia non est Dei « voluntas; sed cur me interrogas pater ? Nonne revela- « vit tibi Deus que te oportet facere antequam venires ad « nos? Te enim reverti oportet in locum tuum, ubi « Deus cum quatuordecim fratribus tuis preparavit lo- « cum sepulture tue. De duobus vero qui supersunt « unus peregrinabitur in insula que vocatur Anacoritalis; « porro alter morte pessima condempnabitur apud inferos; « quod postea rei geste 'probavit eventus. »

Cumque hec inter se loquerentur, ecce videntibus illis, 'sagitta ignea submissa per fenestram accendit omnes lampades que erant posite ante altaria, et confestim per

eamdem fenestram reversa est sagitta in lapidibus, lu-
mine remanente. Interrogavit autem beatus Brendanus a
quo extinguerentur luminaria mane, cui ait pater : « Veni
« et vide sacramentum rei. Ecce tu vides ardentes candelas
« in medio vasculorum, tamen nichil ex illis exuritur ut
« minus habeant aut decrescant, neque remanebit mane
« ulla favilla, quia lumen spirituale est. » Tunc sanctus
Brendanus : « Quomodo potest in corporali creatura, lu-
« men incorporale ardere? » Respondit ille senex : « Nonne
« legisti rubum ardentem in montem Synaï; et tamen re-
« mansit ipse rubus ab igne illesus. » Ait senex : « Legi.
« Quid ad hec? » Et vigilantibus hiis usque mane, san-
ctus Brendanus licentiam proficiscendi petivit, cui pater :
« Non, inquit, vir sancte, sed debes nobiscum cele-
« brare nativitatem Domini, et solacium nobis prebere,
« usque ad octabas epiphanie. »Mansit itaque sanctus pater
cum suis fratribus usque ad predictum tempus in insula
que vocatur Ailbei. Transactis autem diebus, accepta
benedictione a patre et fratribus, et hiis que victui neces-
saria erant, beatus Brendanus tetendit vela in Oceanum.
Ita sine navigio, sine velis ferebatur navis per diversa lo-
ca, usque ad inicium quadragesime. Quadam vero die vi-
derunt insulam non longe ab illis. Quam cum vidissent,
ceperunt alacriter navigare, quia valde erant jam vexati
fame et siti. Ante triduum enim defecerat eis victus et po-
tus ; at vero cum sanctus pater Brendanus benedixisset
portum et omnes exissent, invenerunt fontem lucidissimum,
et herbas diversas, et radices in circuitu fontis, diversaque
genera piscium discurrencium per alveum rivuli ma-
nantis in mare. Sanctus Brendanus hec videns, dixit fra-

tribus : « Fratrés, certe Deus nobis dat consolacionem
« post laborem. Accipite pisces quantum ad cenam no-
« stram sufficit, et assate eos igni. Colligite etiam herbas
« et radices quas Dominus servis suis paravit. » Et ita
fratres fecerunt. Cum autem effundissent aquam ad bi-
bendum, dixit vir Dei : « Cavete fratres, ne ultra mo-
« dum utamini hiis aquis, ne gravius vexentur corpora
« nostra. » At fratres inequaliter diffinicionem viri Dei
considerantes, alii singulos calices bibebant, alii binos,
alii vero ternos; et in alios quidem irruit sopor triduum
dierum et trium noctuum; in reliquos vero unius diei
et noctis. Sanctus vero Brendanus sine intermissione
precabatur Dominum pro fratribus, quoniam per igno-
ranciam contigerat illis tale periculum. Transactis ita-
que hiis tribus diebus, dixit pater sociis suis : « Fugia-
« mus filioli istam mortem, ne deterius nobis contin-
« gat. Dominus enim nobis dederat pastum, sed vos fe-
« cistis inde detrimentum. Egredimini igitur de hac in-
« sula, et accipite stipendia de piscibus quantum necesse
« est post triduum usque ad cenam Domini, similiter
« de aqua singulos calices et ex radicibus equaliter. » Cum
autem honerassent navem ex omnibus que vir Dei prece-
perat, ceperunt navigare in Oceanum contra septentrio-
nalem plagam. Porro post tres dies totidemque noctes
cessavit ventus, et cepit mare esse quasi coagulatum pre
nimia tranquillitate. Tunc sanctus pater dixit : « Mittite
« remiges in navem, et laxate vela. Ubicumque enim Do-
« minus voluerit, gubernabit illam. » Ita tamen navis fe-
rebatur per viginti circiter dies. Post hec dedit illis Deus
ventum prosperum. Ab occidente contra orientem ce-

perunt vela tendere et simul navigare, reficientes semper post triduum.

Quadam vero die, apparuit illis insula quasi nubes a longe. Tunc sanctus Brendanus ait fratribus : « Filioli, « cognoscitis vos insulam illam ? » At illi dixerunt : « Mi- « nime pater. », At ille : « Ego, inquit, cognosco illam. « Ipsa est enim in qua fuimus anno preterito in cena Do- « mini, ubi noster procurator bonus commoratur. » Hoc audito fratres ceperunt pre gaudio acriter navigare quantum poterant vires, eorum sustinere. Cum vir Dei hoc vidisset, ait : « Nolite, stulti, fatigare membra vestra ! « Nonne omnipotens Deus est gubernator navicule nos- « tre ? Dimittite eam illi, quia ipse diriget iter nostrum « sicut vult. » Cum appropinquassent ad litus predicte insule, occurrit illis isdem procurator et duxit illos ad portum ubi anno preterito descenderant, magnificans Deum, et osculatus est pedes sancti Brendani et omnium fratrum, dicens : « Mirabilis Deus in sanctis suis. » Finito jam versiculo et ablatis omnibus de navi, extendit tentorium et paravit balneum. Erat enim cena Domini, et induit omnes fratres novis vestimentis pariter et sanctum Brendanum, et fecit illorum obsequium sicut facere consueverat. Fratres vero passionem Domini celebraverunt cum magna diligencia, usque in sabbatum sanctum. Finitis autem oracionibus diei sabbati immolatisque victimis spiritualibus Deo atque cena Domini consumata, dixit ad eos idem procurator : « Ascendite navem ut celebretis do- « minicam noctem resurrectionis Christi, ubi celebrastis « altero anno, et diem similiter usque in sextam horam. « Postea navigate ad insulam que vocatur *Paradisus*

« *avium*, ubi fuistis preterito anno, a Pascha usque ad
« octabas Pentecostes. Asportate autem vobiscum omnia
« que sunt necessaria vobis in cibo et in potu, et ego vi-
« sitabo vos die dominica altera.» Et ita fratres fecerunt.
Sanctus autem, data benedictione fratri illi, fratresque
omnes ascenderunt in navem, et ita navigaverunt in aliam
insulam. Cum autem appropinquassent ad locum ubi des-
cendere debebant de navi, ecce apparuit illis cacabus, quem
anno altero fugientes dimiserant supra jasconium. Descen-
dens autem beatus Brendanus de navi, cepit cantare hym-
num trium puerorum usque in finem. Finito autem hymno,
vir Dei cepit admonere fratres suos, dicens : « O filioli, vi-
« gilate et orate, ne intretis in temptacionem. Considerate
« quomodo Deus subegit immanissimam bestiam subtus
« nos, sine ullo impedimento.» Fratres vero vigilaverunt
sparsim per illam insulam usque ad vigilias matutinas. Pos-
tea omnes sacerdotes singulas missas decantaverunt usque
ad tertiam horam. Set et beatus Brendanus cum suis fra-
tribus ascendens in navem, immolavit agnum immacu-
latum Deo, et dixit fratribus : « In altero anno, hic cele-
« bravimus resurrectionem dominicam. Itaque volo si
« Deus permiserit celebrare et hoc anno.» Inde profecti,
venerunt ad illam insulam que vocatur paradisus avium.
Appropinquantibus autem illis ad portum ejusdem insule,
omnes ille aves cantare ceperunt una voce dicentes : « Sa-
« lus Deo nostro sedenti super thronum et agno. Et ite-
« rum Deus Dominus illuxit nobis. Constituite diem
« solempnem in condempsis usque ad cornu altaris. »
Et tam vocibus quam alis resonaverunt, donec sanctus
pater cum suis fratribus et omnibus qui in navi erant,

fuit in tentorio suo receptus. Ibi quoque cum fratribus
suis celebravit festa paschalia usque ad octabas Pente-
costes. Predictus namque procurator venit ad illos sicut
promiserat die dominica octavarum Pasche portans se-
cum que ad usum vite pertinebant, et gaudentes invi-
cem gratias egerunt Deo. Cum autem resedissent ad men-
sam, ecce predicta avis consedit in prora navicule ex-
tensis alis ac strepitentibus sicut sonitum organi magni.
Agnovit igitur vir sanctus quia volebat ei aliquid indicare,
ait namque avis : « Deus omnipotens et clemens predes-
« tinavit nobis quatuor loca per quatuor tempora, usque
« dum finiantur septem anni peregrinationis vestre.
« Porro cena dominica, cum vestro procuratore qui pre-
« sens adest, eritis in dorso belue vigilias Pasche cele-
« brantes. Nobiscum autem eritis in festis paschalibus,
« usque ad octavas Penthecostes. Apud insulam vero Ail-
« bei, a Nativitate usque ad Purificacionem sancte Virgi-
« nis Marie. Post septem annos, antecedentibus magnis
« ac diversis periculis, vos invenietis terram repromissio-
« nis sanctorum, quam queritis, et ibi habitabitis qua-
« draginta diebus ; et postea reducet vos Deus ad terram
« nativitatis vestre. » Sanctus Brendanus hec audiens,
lacrimis profusus, prostravit se ad terram cum fratribus,
referens laudes et gratias creatori omnium. Avis autem
reversa est in locum suum, finitaque refectione procura-
tor dixit : « Deo adjuvante vertar ad vos in die adventus
« Spiritus sancti super Apostolos, cum expendiis vestris. »
Et sic accepta benedictione, reversus est in locum suum.
Porro, venerabilis pater mansit ibi cum fratribus statuto
tempore. Consummatis itaque diebus, sanctus vir jussit

fratribus properare navigium, et implere omnia vascula
ex fonte. Ducta autem jam navi in mare, ecce predictus
vir cum navi sua venit onerata escis, cumque omnia po-
suisset in naviculam viri Dei, osculato viro sancto Bren-
dano et cunctis fratribus, reversus est unde venerat.

De quodam pisce.

Vir autem sanctus cum suis fratribus navigavit in Ocea-
num, et ferebatur navis per quadraginta dies. Quadam vero
die apparuit illis immense magnitudinis piscis post illos
natans, qui jactans de naribus spumas, sulcabat undas
velocissimo cursu, ut devoraret illos. Quod cum vidis-
sent fratres, clamaverunt ad Dominum dicentes : « Do-
« mine, qui finxisti hominem, libera nos famulos tuos (1). »
Ad patrem autem clamaverunt : « Pater, succurre ! Pater
« succurre ! » Sanctus autem Brendanus oravit Dominum
dicens : « Libera nos Domine servos tuos, ne devoret
« illos bestia ista. » Et confortans fratres ait : « Nolite
« expavescere modice fidei. Deus qui semper noster de-
« fensor est, ipse nos liberabit de ore istius belue, et de
« omnibus periculis. » Appropinquante autem illa, ante-
cedebant eam unde mire magnitudinis, usque ad mar-
ginem navis; veniens quoque senex et ante fratres se ob-
jiciens, manibus extensis in celum, dixit : « Domine, li-
« bera nos servos tuos sicut liberasti David de manibus
« Golie gygantis, et Jonam de potestate ceti magni. »

_____

(1) Le Mss. 3784 porte : « Ne deterioremur ab ista belua.» Dans ce
Mss. les quatre lignes depuis ces mots « ad patrem » jusqu'à ceux-ci « et
confortans» manquent.

Finitis hiis precibus, ecce ingens belua ab Occidente ob-
viam venit alteri bestie, que cum emisisset ignem ex ore
suo, iniit bellum contra illam. At senex ait fratribus :
« Videte, filii, magnalia Redemptoris nostri. Videte.
« obedienciam quam Creatori suo exhibet creatura.
« Modo expectate finem rei. Nichil enim ingeret nobis
« hec pugna mali. Magis glorie Dei reputabitur. » Hiis
dictis, misera belua, que prosequebatur famulos Dei,
interfecta est et in tres partes divisa coram illis, et al-
tera reversa est unde venerat post victoriam. Altera die
viderunt insulam procul herbosam nimis, et valde spa-
ciosam. Appropinquantibus autem illis ipsius insule lit-
tori, et de navi exire volentibus, visa est eis pars po-
sterior illius belue, que interfecta fuerat. Tunc sanctus
Brendanus ait fratribus ; « Ecce, inquit, que devorare
« voluit nos. Ipsam devorate, et de ejus carnibus satu-
« rabimini. Expectabitis enim longum tempus in hac in-
« sula. Levate naviculam altius in terram, et querite lo-
« cum (1) temptorio aptum. » Ipse autem pater predesti-
navit illis locum ad habitandum. Cum autem fecissent
fratres secundum preceptum viri Dei, ac misissent omnia
utensilia in tentorium, ait ad illos : « Accipite stipendia de
« ista bellua, que sufficiant nobis per tres menses. Hac
« enim nocte erit illud cadaver devoratum a bestiis. »
Fratres autem asportaverant carnes quantum eis opus
erat secundum preceptum sancti patris. Perfectis hiis
omnibus, fratres dixerunt sancto patri : « Abba, quo-
« modo possumus hic sine aqua vivere ? » Quibus ille

---

(1) Mss. 3784 : « In ista silva ubi tentorium possit stare.»

ait(1): « Scio, filioli, et vos voluistis probare an verum
« dixerim? » Fratres vero dixerunt : « Certe pater verum
« est. » Qui ait : « Aliud signum vobis dicam. Porcio cu-
« jusdam piscis qui ereptus est de sagena piscantium, hac
« nocte veniet huc, et cras reficiemini vos inde. » Se-
quenti vero die exierunt fratres ad locum, et invenerunt si-
cut predictum erat a Dei viro, et attulerunt quàntum por-
tare poterant. Ait illis venerabilis pater : « Ista diligenter
« servate, et sale condite, erunt enim nobis necessaria.
« Faciet enim Dominus serenum tempus hodie et cras,
« et post tercium cras cessabit tempestas maris · et fluc-
« tuum; et postea proficiscemini de loco isto. » Transactis
diebus predictis, precepit sanctus Brendanus onerare na-
vem, et utres atque vascula implere· ex fonte; herbas
vero atque radices ad suum opus colligere, quia sanctus
postquam sacerdocii functus est officio non comedit quid-
quam in quo spiritus esset vite. Honerata vero navi ex
hiis· omnibus, extensis velis, profecti sunt contra septen-

(1) Le Mss. numéroté 2555 ⁴ offre, en ne reproduisant pas ce que nous
mettons en note, une lacune assez considérable. Heureusement il est facile
de réparer l'omission du copiste au moyen de la leçon des Mss. 5572 et
5784, qui portent après « Quibus ille ait, » la phrase suivante : « Num-
« quid difficile est Deo vobis tribuere aquam plusquam victum? Ite ergò
« contra meridianam (partem) insule. Illuc invenietis fontem luci-
« dissimum, et herbas multas ac radices, et inde mihi stipendia sumite
« secundum mensuram; et invenerunt omnia sicut vir Dei predixerat.
« Mansit ergò ibi sanctus Brendanus tres menses quia erat tempestas in
« mari et ventus fortissimus et inequalitas aeris de grandine et pluvia.
« Fratres vero ibant videre quod dixerat vir Dei de illa belua, nam cum
« venirent ad locum ubi cadaver antea fuit, nihil invenerunt preter
« ossa. Illi autem ad virum Dei reversi, dicebant : Abba, sicut dixisti ita
« est. Quibus ille ait : Scio filioli, etc. »

trionalem plagam. Quadam die viderunt insulam longe
ab illis. Tunc vir Dei ait fratribus : « Videtis insulam
« illam. » Aiunt : « Videmus. » Ait illis : « Tres populi
« in illa insula sunt, puerorum scilicet, juvenum ac se-
« niorum. Et unus ex fratribus nostris peregrinabitur
« illic. » Fratres vero interrogaverunt eum quisnam esset
ex illis? Qui noluit indicare eis. Cum autem perseveras-
sent interrogantes, et vidisset tristes, ait : « Iste est frater
« ille qui permansurus est ibi. » Fuit autem frater unus
ex illis qui subsequti sunt sanctum Brendanum de suo
monasterio, de quibus ipse predixerat fratribus, quando
ascenderunt navem in patria sua. Tantum autem appro-
pinquaverunt insule predicte usque dum navis stetisset
in litore. Erat autem mira planicie insula illa, in tantum
ut videretur illis equalis mari, sine arboribus, sine aliquo
quod a vento moveretur. Valde enim erat spaciosa, ta-
men cooperta scaltis albis et purpureis. Ibi tres turme,
sicut vir Dei predixerat, erant ; nam inter turmam et tur-
mam spatium erat quasi jactus lapidis de funda, et semper
ibant huc atque illuc, et ima turba cantabat stando in uno
loco, dicens : « *Ibunt sancti de virtute in virtutem : vi-*
« *debitur Deus in Syon.* » Et dum una turma prefinisset
istum versiculum, turma altera stabat et incipiebat pre-
dictum carmen. Et ita faciebant sine cessacione. Erat au-
tem prima turma puerorum in vestibus candidissimis ; et
secunda turma in jacinctinis, et tertia turma in purpureis
dalmaticis. Erat autem hora quarta quando tenuerunt
portum insule. Cum autem hora sexta venisset, ceperunt
turme cantare simul dicentes : « *Deus misereatur nos-*
tri » usque in finem, et « *Deus in adjutorium,* » et

« *Credidi propter,*» et oracionem : « *Videbitur Deus*
« *Deorum in Syon.*»Similiter ad horam nonam alios tres
psalmos : « *De profundis,* — *Ecce quam bonum,* —
Lauda Jerusalem.» Ad vesperas autem : « *Te decet,*—
Benedic anima mea, — *Laudate pueri Dominum,*» et .
quindecim psalmos graduum cantaverunt sedendo.

De sancto unguente ad Dominum.

Cum autem finissent illud canticum, statim obumbravit
illam insulam nubes mire claritatis. Illi autem non potue-
runt videre que antea viderant propter claritatem nubis.
Attamen audierunt voces cantancium predictum carmen
sine intermissione usque ad vigilias matutinas, ad quas
cantare ceperunt : « *Laudate Dominum de celis,*» ter-
tium : « *Laudate Dominum in sanctis ejus.*» Post
hec cantaverunt duodecim psalmos per ordinem psalte-
rii, usque: « *Dixit insipiens.*» At vero cum dies illucesce-
ret, discooperta est illa insula a nube. Confestim tunc can-
taverunt tres psalmos: « *Miserere mei Deus,* et *Domine
refugium,* et *Deus Deus meus.*» Ad terciam vero alios
tres : « *Omnes gentes, Deus in nomine, Dilexi quo-
niam,*» cum alleluya. Deinde immolaverunt agnum imma-
culatum, et omnes venerunt ad communionem dicentes :
« *Hoc sacrum corpus Domini, et Salvatoris nostri,
sanguinem sumite vobis in vitam eternam.*» Itaque fi-
nita immolacione agni, duo ex turma juvenum portave-
runt cophinum plenum scaltis purpureis, et miserunt in
navem viri Domini dicentes : « Sumite de fructu insule
« virorum fortium, et reddite nobis fratrem nostrum, et

« proficiscimini in pace.»Tunc sanctus Brendanus vocavit
fratrem ad se, et ait : « Osculare fratres tuos et vade cum
« illis qui te vocant. Dico tibi frater quia bona hora con-
« cepit te mater tua, qui meruisti habitare cum tali con-
« gregacione. » Et lacrimis profusus osculansque eum vir
sanctus cum omnibus fratribus, ait illi beatus Brendanus :
« Fili, recordare quanta beneficia preposuit tibi Deus in
« hoc seculo. Vade, ora pro nobis (1).» Et vale dicens ei,
protinus sequtus est duos juvenes illos ad scolas sancto-
rum; ut autem viderunt illum alii sancti, cantare ceperunt
hunc versiculum : « *Ecce quam bonum*, » et post, alta
voce personuerunt : « *Te Deum laudamus*; » et cum
osculati fuissent eum omnes, sociatus est illis. Venerabilis
autem pater Brendanus cepit inde navigare. Cum autem
hora prandii venisset, jussit fratribus reficere corpora de
scaltis. Ipse vero apprehensa una visaque ejus magnitu-
dine, et quia succo esset plena, admiratus ait : « Dico
« vobis, fratres, non reminiscor me vidisse unquam aut
« legisse scaltes tante magnitudinis. » Erant autem equa-
lis stature in modum magnæ pile. Et, accepto vasculo,
expressit unam ex illis, attulitque de succo libram unam;
quam in duodecim uncias divisit deditque unicuique fratri
unciam unam, sicque per duodecim dies refecerunt fra-
tres de singulis scaltis, tenentes semper in ore saporem
mellis. Hiis diebus finitis, precepit sanctus pater illis tri-
duo jejunare. Quo transacto, ecce avis splendidissima
evolavit e regione navis, tenens in rostro ramum cujus-
dam arboris ignote, habentem in summo botrum ma-

---

(1) Les cinq lignes qui suivent manquent aux Mss. 5572 et 5784.

gnum mire rubicunditatis,quem (1)juxta virum Dei dimit-
tens recessit. Ille autem vocatis fratribus ait : « Sumite
« prandium quod Dominus misit nobis. » Erant autem
uve illius sicut malum, quas vir Dei divisit fratribus
per singulos. Et ita habuerunt victum (2) per quatuor
dies. Hiis expletis, iterum cepit predictum jejunium
cum fratribus suis agere. Tercia denique die viderunt non
longe, insulam totam coopertam arboribus dempsissimis,
habentibus fructus prediclarum uvarum incredibili ferti-
litate ; ita ut omnes rami arborum illarum incurvati essent
usque ad terram, et omnes unius fructus, unius coloris.
Nulla erat arbor sterilis, nullaque alterius generis in ea-
dem insula. Tunc fratres tenuerunt portum. Vir autem
Dei descendens de navi, cepit circumire illam. Erat au-
tem illius odor, sicut odor domus plene malis punicis.
Fratres vero expectaverunt in navi, donec ad eos vir Dei
rediret. Iterum flavit eis ventus odore suavissimus, et de
flagrantia arborum ita refecti sunt, ut jejunium suum
etiam temperare putarentur. At venerabilis senex invenit
sex fontes irriguos, herbis virentibus ac radicibus diversi
generis. Post hec reversus ad fratres, portans secum de
primiciis insule, dixit illis : « Exite de navi et figite ten-
« torium et confortamini et reficite vos de optimis fruc-
« tibus terre istius quam Dominus ostendit nobis.» Sic-
que per quadraginta dies refecti sunt uvis et herbis, ac ra-
dicibus fontium.

Post quod tempus ascenderunt navem portantes secum

---

(1) Mst. 3784 : « Quem ramum misit ab ore suo in sinu sancti viri.»
(2) Mst. 3784 : « Ad duodecimum diem ex illis granis uvæ.»

de fructibus terre illius (1). Ascendentes autem laxaverunt vela ubicumque ventus direxisset navem; et cum navigarent apparuit illis avis que vocatur *gripha*, volitans contra illos. Quam cum vidissent fratres, sancto patri dixerunt : « Pater, sucurre, quia ad devorandum nos venit « ista bestia. » Quibus ait vir Dei : « Nolite timere eam, « Dominus enim noster adjutor est (2). » Venit autem quedam avis obviam griphe rapidissimo volatu, et ambiguo eventu bellando confecta. Tandem evulsis ejus oculis, superavit atque interemit eam, et cadaver ejus coram fratribus cecidit in mare. Quod videntes fratres laudes dederunt Deo. Avis autem victrix reversa est in locum suum. In insula vero Ailbei celebraverunt (festam) Domini. Hiis finitis diebus, sanctus Brendanus accepta benedictione patris monasterii, circuit cum fratribus Oceanum per multum tempus. Tantum modo vero Pascham et Nativitatem Domini habebat in predictis locis.

Quodam vero tempore cum sanctus Brendanus celebraret beati Petri festivitatem in sua navi, invenerunt mare tam clarum ut videre possent ea que subtus erant (3). Viderunt et enim diversa bestiarum genera subter jacentia, videbaturque illis quod si vellent possent illas pre

---

(1) Le Mss. 3784 porte : « Quantum poterat navis eorum portare.»

(2) Le Mss. 3784 porte : « Qui defendet nos etiam hac vice.» Illa extendebat ungulos ad servos Dei capiendos, et ecce subito avis que illis altera die portaverat ramum cum fructibus, venit obviam griphi, rapidissimo volatu, que statim voluit devorare illam. At vero defendebat se usque dum superavit et abstulit oculos griphi predicta avis. Porro griphes volabat multum, ut vix fratres potuissent videre. Attamen interfectrix avis non dimisit illam, donec interemit, nam cadaver, etc.»

(3) Le Mss. 3784 porte : « Cum autem in profundum conspicerent, etc.»

nimia claritate maris manu tangere in profundo. Erant enim quasi greges jacentes in pascuis pre multitudine, sicut civitas, in gyro applicantes capita in posterioribus. Rogaverunt autem venerabilem virum Dei fratres, ut cum silencio missam celebraret, ne bestie auditu peregrino ad prosequendum servos Dei concitarentur. Sanctus vero pater subridens, dixit illis : « Miror valde stulticiam ve-« stram. Cur timetis istas bestias? Nonne omnium bestia-« rum maxima devorata est? Sedentes vos et psallentes sepe « in dorso ejus fuistis, et silvam scindistis, et ignem accen-« distis, et carnem ejus coxistis. Cur ergo timetis istas? « Deus enim noster Dominus Jhesus est Christus, qui « potest humiliare omnia animantia. » Cum hec dixisset, cepit altius cantare, fratres namque aspiciebant semper bestias. Cum audissent vocem viri Dei, a fundo levantes se, natare ceperunt in circuitu navis; ita ut nichil aliud fratres possent videre preter multitudinem natancium. Non tamen appropinquaverunt navicule, sed longe nata-bant huc atque illuc, donec vir Dei finisset missam. Post hec quasi fugiendo per diversas semitas Oceani a facie servorum Dei enataverunt. Vix itaque per octo dies pro-spero vento extensis velis potuerunt mare clarum trans-meare.

De calice cum patena invento.

Quadam vero die cum celebrassent ter missas, apparuit illis columpna in mari, que non longe ab illis videbatur ; sed tamen non potuerunt ante tres dies attingere illam. Cum autem appropinquassent, vir Dei aspicere cepit

summitatem illius; minime enim potuit videre eam pre
altitudinem; namque altior erat aere. Porro cooperta erat
tam raro conopeo, ut navis non posset transire per foramen
illius. Ignorabant autem ex qua materia factus esset ipse
conopeus. Habebat vero colorem argenteum, et durior
visus est illis quam marmor. Columpna vero de cristallo
clarissimo erat, at vir Dei ait fratribus : « Mittite remiges
« vel remos intus in navi, et arborem atque vela, et alii ex
« vobis teneant interim fibulas conopei. » Spacium namque
tenebat predictus conopeus a columpna, quasi unius
miliarii; et ita extendebatur in profundum. Quo facto,
ait vir Dei ad illos : « Mittite navim intus per aliquod fora-
« men, ut videamus diligenter magnalia Creatoris nostri. »
Cum autem foramen intrassent et aspicerent huc atque illuc,
mare apparuit quasi vitreum pre claritate; ita ut omnia que
subtus erant possent videre; nam bases columpne poterant
considerare, et summitatem similiter conopei jacentem in
terram. Lux vero solis non minor intus erat quam foris.
Tunc sanctus Brendanus mensurabat foramen unum inter
quatuor conopeos quatuor cubitis in omnem partem. Igitur
navigantes per totum diem juxta unum latus illius co-
lumpne, semper umbram solis et calorem poterant sen-
tire usque ultra horam nonam. Sic et ipse vir Dei men-
suravit in illam quadragintis cubitis, et mensura per qua-
tuor latera illius columpne erat, sicque per quadriduum
operatus est vir Dei. Quarto vero die invenerunt calicem
de genere conopei, et patenam de colore columpne con-
tra austrum. Que statim vascula vir sanctus apprehendit
dicens : « Dominus noster Jhesus Christus ostendit nobis
« hoc miraculum, et ut ostendatur multis ad credendum,

« dedit nobis bina munera. » Precepit autem vir sanctus
fratribus divinum officium peragere, et postea corpora
reficere (1). Illi enim nullum sustinuerant ibi, ex quo vide-
runt illam columpnam. Transacta itaque nocte illa, cepe-
runt navigare contra Septemtrionem. Cum autem trans-
issent quoddam foramen, posuerunt arborem et vela in
altum, et alii ex fratribus tenuerunt fibulas conopei
quousque omnia preparassent in navi. Extensis autem ve-
lis cepit prosper ventus post illos flare, ita ut non opus
esset fratribus navigare, sed tantum funiculos et guberna-
cula tenere, et ferebantur per octo dies contra aquilonem.
Transactis autem diebus octo, viderunt insulam valde
rusticam et saxosam, atque scoriosam sine herba et arbo-
ribus, sed et plenam officinis fabrorum. Venerabilis au-
tem pater ait fratribus : «Vere, fratres, angustia est michi
« de hac insula. Nolo in illam intrare aut appropinquare
« illuc; sed ventus trahit nos illuc cursu recto; circumda-
« bitur enim illo limite.» Ergo cum illi preterissent pau-
lulum, quasi jactum lapidis, audierunt sonitum follium suf-
flancium quasi tonitrua, atque malleorum collisiones contra
ferrum et incudes. Hiis auditis, venerabilis senex armavit
se dominico tropheo per totum corpus, dicens : « Do-
« mine Jhesu Christe, libera nos de hac maligna in-
« sula.» Finitos ermone viri Dei, ecce unus ex habitato-
ribus ejusdem insule egressus est foras, quasi ad opus
aliquod peragendum. Hispidus ille valde erat et horri-
bilis, igneus atque tenebrosus. Cum autem vidisset famulos

---

(1) Le Mss. 5572 offre cette variante : «Qui nullum tedium habebant
de cibo et potu ex quo viderunt illam columpnam.»

Christi juxta insulam, reversus est in suam officinam dicens : « Heu! heu! heu! »

Vir autem Dei iterum se'armavit signo crucis et ait fratribus : « Filioli, tendite altius vela, et simul navigate « quamtocius, atque fugiamus istam insulam.-» Quo audito, ecce predictus barbarus occurrit illis ad litus, portans forcipes in manibus et massam igneam de scoria immense magnitudinis atque fervoris, quam super famulos Christi confestim jactavit; sed minime nocuit illis, quia muniti erant vexillo crucis. Transivit enim juxta illos quasi unius spacium stadii. Ubi autem cecidit in mare, cepit fervere quasi prune ignee, et ascendit fumus de mari sicut de clibano ignis. At vir Dei cum pertransisset spacium unius miliarii ab illo loco ubi ceciderat massa, omnes qui in illa insula erant conglobati, in unum occurrerunt ad litus, portantes singuli singulas massas. Alii jactare ceperunt post famulos Christi massas in mari ; alii super alterutrum jactabant massas suas. Post hec autem omnes reversi ad officinas suas, incenderunt eas, et apparuit illa insula quasi tota ardens sicut unus globus. Et mare estuavit sicut unus cacabus plenus carbonibus, quando bene ministratur ab igne, et audierunt fratres per totum diem ingentem ululatum. Et quando etiam non poterant videre illam insulam, ad aures eorum veniebant ululatus habitancium in ea, et ad nares eorum ingens fetor. Tunc sanctus pater Brendanus monachos suos cepit confortare dicens : «-O milites Christi, roboramini in fide -« non ficta et in armis spiritualibus, quia sumus modo in « confinio infernorum. Propter ea vigilate et agite viri- « liter. »

De Juda traditore Domini.

Altera vero die apparuit illis mons magnus et altus in
Oceano contra septentrionalem plagam non longe, sed
quasi propter tenues nebulas, et valde fumosus erat in
summitate. Et statim, cursu rapidissimo, ventus traxit illos
ad litus ejusdem insule, usque dum navis resedit non
longe a terra. Erat namque ripa immense altitudinis,
ita ut summitatem illius vix possent videre, et coloris
carbonum et mire rectitudinis sicut murus. Unus quidem
qui remanserat ex illis tribus fratribus, qui sequti fuerant
patrem Brendanum de suo monasterio exilivit foras de navi,
et cepit ambulare usque ad fundamentum ripe, et cepit
gemere ac clamare dicens : « Ve mihi, pater, quia predor
« a vobis, et non habeo potestatem revertendi ad vos. »
Fratres vero tremore percussi, confestim retro a terra
navim duxerunt, et clamaverunt ad Dominum cum gemi-
tibus dicentes : « Miserere nobis, Domine; miserere no-
« bis! » At vero pater beatus Brendanus quo modo duce-
batur ille infelix à multitudine demonum inspiciebat, et
quomodo incendebatur inter illos. Videns autem hoc pa-
ter Brendanus dixit : « Ve tibi misero, quia recepisti vite
« tue talem finem. » Post hec autem arripuit eos pro-
sper ventus, et cepit eos minare ad australem plagam.
Cum autem aspexissent retro, viderunt montem illius in-
sule discoopertum a summo, flammamque spumantem ad
ethera, et iterum ad se easdem flammas recipi ; ita ut to-
tus mons usque ad mare unus rogus appareret. Igitur
post hanc terribilem visionem ceperunt navigare contra

meridiem, itinere septem dierum. Post hec autem pater
Brendanus vidit quasi nebulam dempsissimam, et cum
appropinquassent, apparuit eis quedam formula quasi
hominis sedentis supra petram et velum ante illum men-
sura unius sacci pendens inter duas forcipes ferreas, et
sic agitabatur fluctibus sicut navicula quando periclitatur
a turbine. Quod videntes fratres, alii putabant quod avis
esset ; aliis autem navim esse putantibus, vir Dei respon-
dit illis : « Dimittite hanc contencionem, fratres, et diri-
« gite navem usque ad locum. » Cum vero vir Dei appro-
pinquasset illuc, restiterunt unde in circuitu quasi coagu-
late. Invenerunt autem hominem sedentem super petram
hispidum ac deformem, et ex omni parte quando unde
affluebant ad illum, percuciebant illum usque ad verti-
cem. Quando vero recedebant, apparebat illa petra nuda
in qua sedebat infelix homo. Pannum vero qui pendebat
ante illum aliquando ventus movebat, percutiebatque eum
per oculos et frontem. Interrogante autem beato viro quis
esset, aut pro qua culpa ibi missus esset, quidque meruis-
set ut talem penitentiam sustineret, ait : « Ego sum infeli-
« cissimus ille Judas, negociator pessimus. Non autem
« pro ullo merito habeo istum locum, sed pro misericor-
« dia ineffabili Jhesu Christi. Nunquam michi expecto
« penitencie locum, sed pro indulgencia et pietate Re-
« demptoris mundi, et pro honore resurrectionis sue
« sancte hoc habeo refrigerium ; erat autem dominicus
« dies, et quando hic sedeo, videtur michi quasi in para-
« diso deliciarum sim, propter tormentorum penas, que
« michi future sunt in hoc vespere ; nam quando sum in
« penis, ardeo sicut massa plumbi liquefacta in olla die ac

« nocte. In medio montis quem vidistis, ibi est Leviatan
« cum suis satellitibus, et ego ibi eram quando glutivit fra-
« trem vestrum ; et ideo letabatur infernus, et misit ingen-
« tes flammas, et sic facit semper quando animas impio-
« rum devorat. Ut autem sciatis immensam Dei pietatem,
« narrabo vobis meum refrigerium. Meum autem refrige-
« rium habeo hic omni die dominica a vespere usque ad
« vesperam, et a Nativitate Domini usque ad Theophaniam,
« et a Theophania usque ad Pascham, et a Pascha usque ad
« Pentecostem, et a Purificatione beate Marie usque in ejus
« sanctam Assumpcionem. Ceteris autem diebus crucior
-« cum Herode et Pilato, Anna et Caipha ; et idcirco adjuro
« vos per mundi Redemptorem, ut intercedere dignemini
« ad Dominum Jhesum ut liceat michi hic esse vel usque
« mane ad ortum solis, ne me demones in adventu vestro
« cruciant atque ducant ad malam hereditatem quam pre-
« cio comparavi. » Cui vir sanctus : « Fiat voluntas Do-
« mini. In hac enim nocte non eris motus (1) a demonibus
« usque cras. » Iterum vir Dei interrogavit eum dicens :
« Quid sibi vult iste pannus? » At ille ait : « Hunc dedi
« cuidam leproso quando fui camerarius Domini; sed
« quia mecum non fuit, ideo nullum in eo refrigerium
« habeo; sed magis impedimentum. Nam furcas ferreas
« ubi pendet dedi sacerdotibus ad cacabos sustinendos.
« Petram autem cui semper sedeo publica via misi in fo-
« veem antequam fuissem discipulus Christi. » Cum au-
tem vespertina hora operuisset faciem Thetidis, ecce mul-
titudo demonum in circuitu vociferantes et dicentes :

.(1) Le Mss. 3784 porte : « Morsus.»

« Recede vir Dei a nobis, quia non possumus socio nos-
« tro propinquari, nisi ab illo recedas. Faciem autem
« principis nostri videre non audemus, donec reddamus
« ei amicum suum. Tu vero redde nobis morsum nos-
« trum, et noli eum nobis tollere in hac nocte. » Quibus
vir Dei ait : « Non ego defendo eum, sed Dominus Jhesus
« Christus concessit ei hac nocte hic manere. » Cui aiunt
demones : « Quomodo invocasti nomen Domini super illum
« cum sit ipse traditor ejus. » Quibus vir Dei ait : « Pre-
« cipio vobis in nomine Domini nostri Jhesu Christi,
« ut nichil mali illi faciatis usque mane. » Transacta ita-
que nocte, primo mane, cum vir Dei iter cepisset agere,
ecce infinita multitudo demonum operuit faciem abyssi,
emittentes diras voces, atque dicentes : « O vir Dei!
« maledictus ingressus tuus et exitus tuus, quia prin-
« ceps noster flagellavit nos nocte hac verberibus pes-
« simis, eo quod non presentavimus ei istum maledi-
« ctum captivum! » Quibus vir Dei ait : « Non nobis
« sit ista maledictio, sed vobis erit; nam cui maledicitis
« est ille benedictus, cui benedicitis ille est maledictus. »
Demones dixerunt : « Duplices sustinebit penas in istis
« diebus sex infelix iste Judas, pro eo quod illum defen-
« distis in hac nocte. » Quibus sanctus ait : « Non habetis
« vos, inquit, potestatem ullam, neque princeps vester,
« quia potestas Dei erit. » Dixitque : « Precipio vobis, in-
« quit, in nomine Domini, et principi vestro, ne istum
« extollatis amplius cruciatibus, quam antea facere con-
« suevistis. » Cui responderunt : « Numquid tu dominus
« es omnium, ut tuis sermonibus obediamus ? » Quibus
vir Dei : « Servus sum, inquit, Domini omnium, et quic-

« quid in nomine ipsius precipio, fit; et non habeo minis-
« terium nisi de his quos michi concedit. » Et ita eum
sunt secuti blasphemiis insectantes, donec avelleretur
a Juda. Demones autem reversi levaverunt infelicissimam
animam inter se cum magno impetu et ululatu.

De quodam heremita.

Diu autem sanctus navigavit contra meridiem, glorifi-
cans Deum in omnibus. Tercia autem die apparuit illis
insula parva procul, ad quam, dum fratres acrius navigare
cepissent, ait vir sanctus : « Nolite fratres supra vires fati-
« gari. Septem enim sunt anni ex quo egressi sumus de
« patria nostra usque in hoc Pascha quod venturum
« est; namque modo videbitis quemdam hermitam no-
« mine Paulum spiritualem in hac insula, sine ullo victu
« corporali commorantem per sexaginta annos; nam vi-
« ginti annis antea sumpsit cibum a quadam bestia. »
Cum autem appropinquassent ad litus, non potuerunt
aditum invenire pre altitudine ripe illius. Erat autem
parva insula et valde rotunda quasi unius stadii. In sum-
mitate illius nichil terre, sed tantum nuda petra in mo-
dum apparebat. Longitudo et latitudo mensure equalis
erat (1). Circumeuntes autem illam invenerunt portum tam
strictum, ut navis proram vix capere posset, et ascensus
dificillimus erat. Vir autem Dei dixit fratribus : « Expe-
« ctate hic donec revertar ad vos, quia vobis non licet in-
« trare sine licencia viri Dei qui moratur in loco isto; »

---

(1) Le Mss 5572 s'arrête là. Le reste manque.

cumque pater venerabilis ad summitatem illius insule
venisset, vidit duas speluncas ostium contra ostium in
latere illius insule contra ortum solis, ac fontem parvis-
simum rotundum in modum patule surgentem de petra
ante ostium spelunce ubi miles Christi residebat. At ubi
surgebat predictus fons, statim petra sorbebat illum.
Sanctus vero Brendanus cum appropinquasset ad ostium
unius spelunce, senex de altera egressus est obviam
illi, dicens : « Ecce quam bonum et quam jocundum ha-
« bitare fratres in unum!»Cum hoc dixisset, precepit sancto
Brendano ut omnes fratres suos evocaret de navi. Quod
cum fecisset, osculatus est eos vir Dei, et propriis nomini-
bus omnes appellabat. Quo audito mirati sunt valde non
solum de spiritu prophecie, verum etiam de ipsius habitu;
erat enim totus coopertus capillis capitis sui ac barbe, et
ceteris pillis usque ad pedes. Erant enim capilli ejus can-
didi ad instar nivis pre senectute, nullumque ei erat
indumentum preter pilos qui egrediebantur de ejus
corpore. At vero sanctus Brendanus cum hoc vidisset
adjiciens suspirio suspiria, contristatus est intra se, di-
cens :. « Ve mihi peccatori, qui porto habitum monasti-
« cum ; et sub me constituti sunt multi sub nomine istius
« ordinis cum videam hominem angelici status, adhuc in
« carne sedentem in cella, et illesum a vitiis carnis! » Cui
vir Dei Paulus ait : « Venerabilis pater quanta et qualia
« mirabilia Deus ostendit tibi, que nulli sanctorum pa-
« trum manifestavit ; et tu dicis in corde tuo te non esse
« dignum portare monasticum habitum! Dico tibi, pater,
« quia tu es major monacho ; monachus enim labore ma-
« nuum suarum alitur et vestitur ; Deus autem suis secre-

« tis te per septem annos pascit cum tua familia et in-
« duit; et ego miser hic sedeo sicut avis in ista petra nu-
« dus, exceptis pillis corporis mei. » Querente autem
beato Brendano de adventu ipsius in illum locum aut
unde esset, vel quanto tempore sustinuisset talem vitam,
respondit ille beatus : « Ego pater nutritus fui in monas-
« terio sancti Patricii per quinquaginta annos, et custo-
« diebam cimeterium fratrum. Quadam vero die cum
« michi designasset locum sepulture meus decanus, ubi
« quidam sepeliretur defunctus, apparuit michi quidam
« senex ignotus, dixitque michi : « Noli frater hic fos-
« sam facere, quia sepulchrum alterius est. » Cui ego :
« Pater qui es tu ? » At ille : « Cur me, inquit, non co-
« gnoscis ? Nonne tuus sum abbas ? » Cui dixi : « San-
« ctus Patricius est michi abbas. » At ille : « Ego sum.
« Heri enim migravi ex hoc seculo, et iste est locus se-
« pulture mee. » Designavit que alium locum ·dicens :
« Hic fratrem nostrum sepelies, et nulli dicas que ego
« dixi tibi. Cras enim proficiscere ad litus maris, et inve-
« nies navem que te ducet ad locum ubi expectabis diem
« mortis tue. Mane vero facto secundum preceptum pa-
« tris, profectus sum ad locum predictum ; et inveni ita
« sicut ipse promiserat michi. Et ascensa navi cepi navi-
« gare per tres dies, totidemque noctes. Quibus trans-
« actis, dimisi navem ubicumque ventus jactasset eam.
« Porro septimo die apparuit michi ista petra, in quam
« statim intravi, atque pede percussi navem ut iret unde
« venerat. Illa autem velocissimo cursu sulcabat undas,
« rediens in patriam suam. »

De quadam bestia que ei cibum paravit.

« Primo namque die quo intravi huc, circa horam no-
« nam, una bestia paravit michi ad prandendum piscem
« unum, et fasciculum de graminibus ad focum faciendum
« inter suos anteriores pedes, ambulans pedibus posterio-
« ribus (1); cum autem posuisset ante me piscem et gra-
« mina, reversa est unde venerat. Ego vero silice ferro
« percusso, esca adhibita, feci ignem de graminibus et
« paravi michi cibos de pisce. Et ita per triginta annos,
« semper die tercia, isdem minister, easdem escas, id est
« per tres dies piscem unum attulit. Et ita michi penuria
« nulla fuit, sed nec sitis gratia Dei ; nam in die dominica
« semper egrediebatur paxillum aque de ista petra, unde
« potuissem sumere potum manusque lavare. Post tri
« ginta vero annos inveni istas duas speluncas, et istum
« fontem. Ab ipso vivo per sexaginta annos, sine nutri-
« mento alterius cibi nisi hujus fontis. Nonagenarius enim
« sum in hac insula, et triginta annis in victu piscium,
« et sexaginta in victu illius fontis, et quinquaginta fui
« in patria mea. Omnes enim anni vite mee sunt centum
« quinquaginta, et de cetero judicii mei diem hic expec-
« tare habeo in carne ista. Pergite igitur vestrum iter, et
« asportate vobiscum plena vascula de isto fonte. Ne-
« cesse enim erit vobis, quia adhuc restat vobis iter qua-
« draginta dierum usque in sabbato Pasche ; celebra-

---

(1) Le Mss. 2555 .A. dit à tort : « Anterioribus.»

« bitis vero sabbatum sanctum et Pascha, atque dies
« sanctos ejus ubi celebrastis per sex annos; et postea ac-
« cepta benedictione procuratoris vestri proficiscemini ad
« terram sanctiorem omnium terrarum (1), et ibi manebitis
« quadraginta dies; et postea Deus vester reducet vos in-
« columes ad terram nativitatis vestre. »

Quomodo invenerunt terram promissionis.

Igitur accepta benedictione viri Dei, atque osculantes
se in Christi pace, navigaverunt contra meridiem per to-
tam quadragesimam; navis autem huc atque illuc ferreba-
tur, et erat illis cibus aqua quam ab insula-viri Dei acce-
perant. Per triduum autem sine ulla esurie et siti per-
manserunt omnes leti. Venerunt autem ad insulam pris-
tini procuratoris sabbato sancto. Ille vero videns eos, oc-
currit eis in portu cum gaudio magno, omnesque levavit
de navi propriis brachiis. Peracto vero, ut decebat, diei
sancti officio, apposuit illis cenam. Facto autem vespere,
ascenderunt navem et isdem vir cum illis, inveneruntque
beluam solito loco, et ibi laudes Deo decantaverunt tota
nocte et missas mane. Finitaque missa, cepit Jasconius
ire viam suam omnibus stantibus in ejus dorso. Tunc
cuncti fratres clamaverunt ad Dominum dicentes : «Exaudi
« nos Domine Deus noster. » Beatus vero Brendanus
confortare eos cepit dicens : « Fratres, quid turbamini ?
« Nolite formidare quia nichil nobis erit mali; sed adju-

---

(1) Mss. 5784 : « Ad terram repromissionis sanctorum.»

« tor imminet itineris. » Belua autem relicto cursu per-
venit usque ad litus insule que vocatur *Paradisus avium*,
ibique deposuit omnes illesos, qui demorati sunt ibi usque
ad octavas Pentecostes. Transacto autem solempnitatis
tempore, procurator qui cum illis aderat presens, dixit
sancto Brendano : « Ascendite naviculam et implete utres
« de fonte isto. Ego quoque ero nunc socius itineris vestri
« atque ductor, quia sine me non potestis invenire terram
« quam queritis, id est terram repromissionis sanctorum. »
Ascendentibus autem illis navem, omnes aves que in in-
sula illa erant, cum vidissent patrem, quasi una voce dixe-
runt : « Prosperum iter vestrum faciat Deus salutarium
« nostrorum. » Reversi sunt autem ad insulam procura-
toris, ipso simul comitante. Ibi sumpserunt expendia ad
usus quadraginta dierum. Ille vero procurator eorum
antecedebat eos, iter eorum dirigens. Transactis au-
tem quadraginta diebus, jam vespere imminente, operuit
eos caligo grandis, ita ut vix alter alterum videre posset;
tunc procurator ait sancto Brendano : « Pater, scis que
« est ista caligo ? » Sanctus ait : « Nescio, fratres. » Tunc
ille : « Ista caligo circumdat insulam istam, quam vos
« quesistis per septem annos. Ecce videtis eam intrare in
« illam. » Post spacium vero unius hore, circumfulsit illos
lux ingens, et navis stetit ad litus. Exeuntes autem de
navi, viderunt terram spaciosam ac amplam arboribus
pomiferis sicut in tempore autumpni. Circumeuntes au-
tem illam terram quamdiu fuerunt in illa, nulla nox illis
adfuit, sed lux lucebat sicut sol lucet in tempore suo (1). Et

(1) Le Mss. 5784 ajoute : « Accipiebantque tantum de pomis, et de
fontibus bibebant.

4.

ita per quadraginta dies lustraverunt terram illam, set finem illius minime invenire potuerunt. Quadam vero die invenerunt quoddam magnum fluvium quod nequaquam potuerunt transvadere, vergentem ad medium insule. Vir autem sanctus ait fratribus : « Istud flumen « transire non possumus, et ignoramus magnitudinem « terre istius. » Hec cum intra se de hac causa volverent, ecce juvenis' splendida facie, venustus aspectu, occurrit osculans eos cum magna leticia, et singulos eorum propriis nominibus compellans, ait : « O fratres, pax vo- « bis sit, et omnibus qui sequti fuerunt pacem Christi. » Et post hec, addidit : « Beati qui habitant in domo tua « Domine; in secula seculorum laudabunt te. » Hiis dictis, ait sancto Brendano : « Ecce terram quam quesistis « per multum tempus. Set ideo non potuistis invenire « eam ex quo cepistis querere, quia Dominus Christus « voluit tibi ostendere diversa secreta sua, in hoc Oceano « magno. Revertere itaque ad terram nativitatis tue, su- « mens tecum de fructibus istis, et de gemmis quantum « potest capere navis tua. Appropinquant enim dies pere- « grinationis tue, ut dormias in pace cum fratribus tuis « sanctis. Post multa vero tempora, declarabitur ista « terra successoribus vestris, quando christianorum sub- « veniemur tribulacioni(1). Flumen vero quod videtis di- « vidit hanc insulam, et sicut modo apparet vobis ma « tura a fructibus, ita omni tempore sine ulla umbra (2) e « turpitudine. Lux enim in ea indeficienter lucet(3). » Tun

---

(1) Mss. 3784 : « Quando christianus adveniet persecutis paganorum.»
(1) Mss 3784 : « Noctis est.»
(2) Mss 3784 : « Lux enim illius est Christus.»

dixit Juveni sanctus Brendanus : «[Dicas] Domine pater, si
« ista terra unquam revelabitar hominibus? » At ipse ait :
« Quando altissimus Creator subjungaverit sibi omnes
« gentes, tunc ejus electis omnibus, declarabitur ista
« terra. » Post hec autem, pater Brendanus, benedictione
accepta a juvene, cepit reverti via qua venerat, acceptis
de fructibus terre illius, et gemmarum generibus ; et di-
misso procuratore suo viro predicto, qui per singula tem-
pora refectionem sibi et fratribus paraverat, cum suis fra-
tribus ascensa navi per caliginem, unde venerat navigare
cepit. Quam cum pertransierit, venerunt ad insulam que
vocatur *Deliciarum*, ibique trium dierum peracto hos-
picio, sanctus Brendanus accepta benedictione a patre
monasterii, recto itinere et Deo gubernatore pervenit ad
monasterium suum (1). Quem cum fratres vidissent, glorifi-
caverunt Deum pro recepto patrono, quibus enarravit
mirabilia Dei, que audierat et viderat. Et postea onis
julii dies vite sue finivit in pace, regnante Domino nostro
Jhesu Christo, cujus regnum et imperium sine fine per-
manet in secula seculorum. Amen.

---

(1) Tout le dernier chapitre manque au Mss. 5784, et voici comment s'y
termine celui-ci : « Fratres autem illum gratulantissime susceperunt, glo-
rificantes Dominum, qui tam amabilis patris aspectibus illos non passus est
privari, cujus absentia tam diu fuerunt orbati. Tunc beatus vir pre-
dictus, caritati eorum congratulans, narravit omnia que acciderant et
quanta eis Dominus dignatus est miraculorum ostendere portenta. Pos-
tremo etiam velocitatem obitus sui, certa attestatione notavit secundum
juvenem predictum et *terram repromissionis sanctorum*, quod etiam
rei probavit eventus. Qui cunctis per se dispositis, parvo interjacente
intervallo temporis, sacramentis munitus divinis, inter manus discipu-
lorum gloriose migravit ad Dominum ; cujus recordatio anniversaria,
primo kalendarum novembrium celebratur, prestante Domino nostro
Jhesu Christo, cujus honos sine fine permanet in secula seculorum. »

De obitu sancti Brendani.

Igitur venerabilis Brendanus in provincia stagnile Mummensium (1)natus, et sub doctrina evangelica vel sanctorum patrum studio eruditus, usque ad perfectam etatis sue palmam, Domini est sequtus vestigia. Adhuc vero in adolescencia positus, cepit diutinis jejuniis corpus affligere. Ita namque in Dei famulatu erat jugiter occupatus, ut divino juvamine ancillacioni subderet insolenciam carnis, et racioni attribueret prerogativa dominacionis. Maturescente vero jam etate, quibuslibet viciis jam compressis, cotidie se robustior virtutibus succrescebat. Tanto igitur superne benediccionis honoratus munere in anteriora voluit se semper extendere, ut, secundum, Apostolum, ea que retro sunt obliviscens, sequeretur bravium remuneracionis eterne; et quomodo prius animas ad fidem religionis adducere posset, totis viribus elaboravit, atque Deo adjuvante eas ad perfectum penitentie fructum perduxit. Multa quidem de ejus mirabilibus gestis inferre possemus, set qualiter ad Dominum migravit, vel quid de eo alii patres viderunt, huic operi inserere placuit. Quadam vero die, dum sanctus Columbanus conversaretur in Jona insula, mane primum advocat ministratorem Diormicium, eique precepit inquiens : « Sacra celeriter Eucha- « ristie misteria preparentur, hodie enim natalis est sancti « Brendani dies. — Quare, ait minister, talia missarum « sollempnia hodierna preparari precipis ? Nullus enim ad « nos, de Scocia, sancti viri illius obitus pervenerit nun-

(1) Mss. 2333 .A. Mimencium.

« cius. — Vade, tum ait sanctus ; mee visioni obsecun-
« dare debes. Hac enim nocte preterita vidi subito aper-
« tum celum, angelorumque choros sancti Brendani -
« anime obvios descendere, quorum luminosa et inesti-
« mabili claritate totus eadem hora est illustratus mundus.
« Ad thronum quippe deifice majestatis officio angelo-
« rum cum tripudio exultacionis sublevatur. Fulgida
« nunc gloriose remunerationis laurea coronatur, ad cu-
« jus etiam transitum omnis congregacio concurrit ac po-
« pulus.» Deinde gaudet Christi confessor, et in eternum
gaudebit de gratissima eorum societate in celis, quorum
doctrinis et exemplis instructus celestem vitam duxit in
terris. Sacras denique exequias, more ecclesiastico cele-
brantes, sanctissimum committunt terre corpus ejus,
et in sanctis suis, Deus mirabilem glorificant, qui cum
eterno Patre et Spiritu sancto vivit et regnat in secula se-
culorum. Amen.

EXPLICIT VITA SANCTI BRENDANI.

Le Mss. 2333 .A. contient en outre ce qui suit :

ORATIO.

Deus, qui hodiernam diem sacratissimam, nobis, beati
Brendani confessoris tui atque abbatis, solempnitate tri-
buisti, adesto piis Ecclesie tue precibus, ut cujus glo-
riatur meritis, muniatur suffragiis.

SECRETA.

Sacris altaribus, Domine, hostias suppositas beatus Bren-
danus abbas in salutem nobis pervenire deposcat.

POST COMMUNIONEM.

Protegat nos, Domine, cum tui preceptione sacramenti, beatus Brendanus abbas, pro nobis mercedendo, ut conversacionis ejus experiamus insignia, et intercessionis ejus experiamus suffragia.

De Saint Brandainne le moine.

Brandainnes fu uns sains hom fils Synloca, niés d'al-
tyde, le lignie Eogeni, et fu nés de le région Scamle des
Mumensiiens. Cius Brandainnes estoit hons de grant abs-
tinenche et nobles en vertus, et fu pères ennaises de trois
mile moignes. Com il fust en sen oratoyre ou liu qui est
dis li lande des vertus Brandainne, il avint que uns abbés
vint a lui a le vesprée, qui estoit Barintes apielés, niés
Neil. Com il fust demandés dou devant dit saint père, cis
Barintes commencha à plourer et se coucha à terre, et
demoura longhement en orisons; mais sains Brandains le
leva de terre et le baisa. Si dist : — « Bials père, pour
« coi avons nous tristeche en te venue, en né venistes vous
« a no cons[ol]ation ? Tu nous dois miex esléechier que
« courechier. Demoustre nous le parolle Diu, et refai nos
« âmes des divers miracles que tu as veus en le mer. »
Dont commencha à dire sains Barintes à sains Brandains
d'une isle, et dist : — « Mes fils Mernoc, pourvères des
« povres Jhésucrist se départi de devant mi, et j'estres cu-

« rieus. Il trouva une isle d'alès le mont de piére, qui
« est apielée par non Isle Délisieuse. Apriès une grant
« pièche de tans me fu nonchiet qu'il avoit pluiseurs moi-
« gnes avoec lui, et que Dex avoit demoustré molt de
« miracles par lui. En tel maniére alai à lui pour visiter
« men filluel, et com je fuisse à trois jours priès dé me
« voie, il se hasta pour venir encontre mi à tout ses frè-
« res; car nostre sires li avoit révélé men avénement. En-
« truès que nous nagièmes en l'isle devant dite, li frère
« vinrent encontre nous de diverses maisonceles, aussi
« comme compaignies de ès; car li habitacions d'iaus es-
« toit esparse. Nequedenques li conversions de chiaus es-
« toit une en esperanche, en foi et en carité. Une refec-
« tions est à parfaire l'uevre Diu en une église. Nule chose
« de viande part n'est a iaus aministrée fors que pun et
« nois et rachines, et toutes autres manières d'erbes. Li
« frère demeurent apriès complie chascuns en se petite
« maison, dusques as cos cantans, ou dusques apriès le
« cloke. Entruès que jou et mes filleus alièmes par toute
« l'isle, il me mena au rivage de le mer encontre occi-
« dent, ou estoit une naciéle, et dist : — « Ami bials pè-
« res, entrons en cele nef et navions contre occident, et
« à l'isle qui est dite terre de promission des sains que
« Dex donra à nos successeurs ou daerrain tans. » Dont
« commenchâmes à naviier, et nues nous couvrirent tot
« entour, en tel manière c'à painnes péusmes nous vir
« le coron devant de no nef, ne chelui derrière. Quant li
« espasse fu aussi que trespassé, dont luisi entour nous une
« grans clartés, et nous apparut une terre biele et her-
« bouse, portant moult de puns.

« Quant nos nés fu arrivée à terre, nous descendîmes
« et commençâmes à avironner et à aler par .xv. jours en
« cele isle, et n'en péusmes fin trouver. Nous ne véismes
« nule chose d'erbe sains fleur, ne d'arbres sains fruit.
« Les pieres toutes de celé isle sont de précieuse manière;
« mais au quinsime jour trouvâsmes nous .i. flueve tour-
« nant d'orient à occident; dont considérâmes toutes ces
« choses et nous doutâmes que nous devièmes faire. Il
« nous pleut à trespasser le flueve; mais nous atendîmes
« le conseil Diu. Comme nous eusmes esposé ces choses
« entre nous, uns hom plains de grant clarté s'apparut
« soudainnement devant nous, ki nous apiela esrant par nos
« propres nons, et salua et dist les queles [paroles :] « Boin
« frère, nostre sires vous a demoustré ceste terre, le quele
« il donra as siens. Li moitiés de ceste isle est dusques à
« che flueve; il ne vous loist mie passer oustre. Retornés
« dont vous issistes. » Quant il eut chou dit, il demanda
« dont il estoit, et comment il avoit à non. Qui dist: « Pour
« coi demandes tu dont je sui, ne coument je sui apielés?
« Pour coi ne demandes tu anchois de ceste isle? Ensi que
« tu le vois maintenant, en tel manière [est-elle] dou com-
« menchement. As tu besoing d'auchune viande, ne de
« boire ne de vestir? Tu às esté .i. an en ceste isle, et n'as
« gousté de nule viande, ne de nul boire. Tu ne fus on-
« ques apenssés de dormir, ne nus ne te couvri onques;
« car li jours est adiès ci sains nule oscurté de ténèbres.
« Nostre sires est lumière de cele isle. »

  « Errant que li hons eut chou dit, nous anqillîmes no
« voie, et cis hom devant dis ala devant nous dusques au
« rivage où no nachiele estoit. Dont montasmes en no

« nachiele, et cis hom nous est ravis de no veue. Et ve-
« nismes à l'oscurté devant dite à l'isle Délicieuse ; mais
« quant no frère nous virent, il furent esléechié molt
« de no venue ; et plouroient de no absense par lonc
« tans et disent : — « O vous, père, por coi avés
« laissié vos brebis sans paistre, esrans en ceste selve ?
« Nous seumes que nos abbés se départoit molt souvent
« en auchune partie ; mais nous ne savons en quele il
« demouroit à le fie .ii. semainnes ou une ou plus ou
« mains. » Com il eurent chou dit, je les commenchai à
« comforter et dire : — « Biau frère, ne voelliés mie au-
« chune fie cuidier fors que bien ; vo fins est devant le porte
« de Paradys. Là est li isle qui est apielée Terre de pro-
« mission des sains. Là n'est nuis onques, ne jours ni fine
« onques. » Cheli ante Mernoc ; li angele Diu vuardent
« cheli. En ne connissiés vous en l'oudeur de nos veste-
« mens que nous fumes em paradys Diu ? Dont respondi-
« rent li frère et disent : — « Sire abbés, nous avons
« seut que vous fustes ou Paradys Diu ; car nous avóns
« esprouvé le flaireur des vestemens l'abbé, qui estoit venue
« dusques à .xl. jours de l'oudeur. Je demourai là .ii.
« semainnes avoecques men filleul sains boire et sains
« mangier ; car nous éusmes tant de soelement corporel,
« que nous estièmes veu plain de moust. Apriès el jour,
« quant nous eusmes rechut benéichon de no frère et no
« abbé, je retornai, et mi compaignon aussi, pour aler
« à m'isle, ou jou devoie lendemain aler. » Ces choses
en tel manière, sains Brandains et toute se congregations
s'agenoullièrent à terre, et en glorefiant disent : — « Nos-
« tre sires est vistes en toutes ses voies et sains en toutes

« ses œvres, ki a revelet à ses sergans tant de merveilles et
« teles; et soit bénéis qui nous a refait hui de l'espirituel
« goust. » Ces parolles finés, sains Brandains dist : —
« Alons à le refections de no cors, et au mandement nou-
« viel. » Quant cille nuis fu passée, et il eut prise le bé-
néichon des frères, sains Barintes ala à se maison.

Apriès chou, esliut sains Brandains .vii. des frères de se
congrégation, et entrèrent en .i. oratore il et li autre .vii.
frère. Si parla à iaus et dist : — « Mi frère, mi ami, je re-
« quier à vous aide de conseil ; car mes cuers et toutes mes
« pensées sont assanlées en une volenté, en tant est li vo-
« lentés de Diu. Jou ai pourpensé en men cuer à querré
« le tierre de le promission des sains, de le quele li abbés
« Barintes parla. Que vous en sanlle ore, et quel conseil
« me volés donner? » Cil connurent le volenté dou saint
pere, et respondirent tos tans que d'une bouke : — « Sire,
« vo volentés est nostre ; en avons nous laissié nos pères et
« nos mères, et nos hiretages avons despités, et nos cors
« avons donnés en vos mains. En tel manière sommes
« nous apparillié d'aller avoec ti, soit à mort ou à vie.
« Une chose est tant seulement que nous querons le vo-
« lenté de Diu. » Dont ordenèrent sains Brandains et
tout cil qui avoec lui estoient à juner .xl. jours adiès, et
le devoient faire trois jours en le semainne, et puis leur
voie aler. Quant li .xl. jour furent trespassé, et li frère fu-
rent salué et commandé au prouvost de l'abbeie qui fu
après ses successères en che meisme liu, dont ala vers Oc-
cident à tous. xiiii. frères, à l'isle d'un saint père qui est
apielés Aende. Là demoura par trois jours et par trois nuis.
Apriès prist le bénéichon dou saint père et de tous les moin-

gnes qui estoient avoec lui, et ala en le daerraine partie de
se région où ses pères et se mère demouroient, et nequeden-
ques ne les valt nient véir; mais en le hautéche d'une mon-
taigne qui s'estent lònc en le mer, ou liu qui est apielés Bram-
dain, fika se tente ou estoit li entrée d'une nef. Sains Bran-
dains et cil qui estoient avoec lui, prisent ferremens et fi-
sent une nachiele très légière costue et à coulombes de
dehors, si com il est coustume en ces parties, et le cou-
vrirent de cuirs de bues tanés en escorche de caisne, et
oinsent les jointures des piaus de bure, et misent .II. au-
tres apparillures d'autre cuir en le nef, et vivre de .XL.
jours, et bure à apparillier les piaus qui devoient couvrir
le nef, et toutes autres choses pourfitables à l'usage de vie
humainne. Sains Brandains commanda ses frères entrer en
le nef ou non le père et le fil et le saint esperit.

Quant il furent entré en le nef, et comme sains Brandains
fust el rivage et éust bénéi le port, dont vinrent troi
frère de s'abbeie apriès lui qui errant chaïrent as piés le
saint père et disent : « —Biax pères, lai nous aler avoec ti où
« tu dois aler ; ou se chou non, nous de fain mórrons en
« che liu chi. Nous avons proposé à aler en pélérinaige tous
« les jours de no vie. » Quant li hom Dieu eut véu l'an-
goisse d'iaus, il leur commanda entrer en le nef et dist : —
« Mi filleul, vo volentés soit faite. » Et avoecques dist : —
« Je sai comment vous venistes. Cis frères a fait bonne
« œvre, car nostre sires li a apparillié boin liu. A vous a
« il apparillié cruel jugement. » Sains Brandains entra en
le nef, et commenchièrent à nagier à voile estendu encon-
tre miedi. Il avoient boin vent ne n'avoient mestier de na-
gier fors de tenir les voiles. Apriès xv. jours leur cessa li

vens et commenchièrent à nagier tant k'il ne péurent plus.
Dont leur commencha sains Brandains à comforter, à
amonester et dire : — « Biax frère, ne voelliés mie resoi-
« gnier; car Dius est nos aidières et nos notonniers, et nos
« gouvrenères. Metés ens tous vos navirons, et laissiés le
« gouvrenail tant seulement les voiles tendus, et Dex fa-
« che ensi com il veut de ses sergans et de se nef. » Il es-
toient refait à le vesprée, et avoient auchune fie vent ;
mais nequedenques il ne savoient dont il venoit, ne en
quel part leur nés estoit portée. Quant li .XL. jours fu-
rent passé, et il eurent tout despendu chou que partenoit
à leur vivre, il leur apparut une isle devers septemtrion,
moult plainne de pieres et haute. Quant il vinrent au ri-
vage de cele isle, il virent une rive molt haute aussi com
mur, et divers ruissans descendans dou soumeron de cele
isle, et couroient en le mer. Nequedenques ne peurent
trouver pour ch'où li nés s'arestast; li frère estoient molt
travillié de fain et de soif. Li un et li autre prisent en tel
manière k'il peussent auchune chose prendre de cele eve.
Sains Brandains, quant il eut chou véu, dist : « Ne voeil-
« liés mie chou faire. C'est sotie que vous faites, quand Dex
« ne nous velt démostrer port, d'entrer ; et volés faire ra-
« vine. Nostre sires Jhésucris demousterra apriès trois
« jours à ses disciples port et liu de demourer, et seront
« no cors refait de choses resoignies. » Quant il eurent alé
par trois jours en cele isle, il trouvèrent au tierch jour à
l'eure de nanne port ou estoit li vóie d'une nés, et errant
se leva sains Brandains et bénéi l'entrée. Une piere entail-
lie d'une part, et d'autre de très grande grandèche estoit
là aussi comme murs. Quant il furent tout de le nef, et

fuissent en le terre , sains Brandains leur commanda k'il
dou harnas de le nef n'ostaissent nient; mais entrués k'il
aloient par les rivés de le mer , uns chiens vint encontre
iaus par une sente , et vint as piés saint Brandain, aussi
com li chien suelent as piés de leur signors. Dont dist
sains Brandains à ses frères : — « En nous a Dius donné
« boin message; ensivon le où k'il voist. » Et sivirent le
chien dusques au chastel.

Dont entrèrent en .I. chastel , et virent une grande
sale , et plainne de lis et de siéges, et eve à laver les piés.
Com ils fuissent assis, sains Brandains commanda à ses
compaignons , et dist : « Vuardés vous , biau frère , que
« li dyables ne vous mainę en temptation. Je voi .I. des
« trois frères de no abbéie qui vinrent apriès nous , enor-
« tant de tres malvais larrechin. Priiés pour s'arme; car
« se chars est donnée en le poissanche de l'anemi. » Li
maisons en lequelle il demouroient estoit tout entour aussi
que toute aornée des vaissiaus pendus qui estoient de di-
verse manière de métal, de frains, de cornes sour ar-
gentées. Dont dist sains Brandains à sen sergant qui so-
loit le pain metre devant ses frères : « Porte le mangier
« que Dex nous a envoié,» qui se leva maintenant et trouva
le table mise et le nape et le pain blanc. Quant toutes ces
choses furent, sains Brandains bénéi le mangier, et dist as
frères : « Souvigne vous dou Diu dou chiel qui donne
« viande à toute gent humainne. » Dont s'asisent li frère,
et loèrent Diu, et aussi fuissent le boirs tant qu'il peurent.
Quand li mangiers fu finés, et li oevre Diu parfaite, se
dist sains Brandains : « Reposés-vous; vées ichi chascun
« lit molt bien apparillié. Il vous est besoing que vous

« reposés vos membres dou grant travail de naviier. »

Comme li frère dormissent, sains Brandains vit l'uevre le dyable, et un Ethyopiien aiant .ɪ. frain en se main, et juant devant le frère devant dit. Maintenant se leva sains Brandains, et commencha à aorer et demourer en orisons dusques au jour à la matinée. Quant li frère s'apparillaissent au serviche Diu, et apriés alaissent à le nef. Dont apparut une taule aussi que le jour devant. En tel manière apparilla par trois jours et par trois nuits nostre sires le mangier à ses sergans. Apriés chou sains Brandains et li frère anqillirent leur voie et dist as frères : « Vuardés que « nus de vous n'en porche auchune sustanche avoec lui de « ceste isle; » mais tout cil respondirent : « Jà n'avigne que auchuns de nous corrompe se vois par larrechin. » Dont dist sains Brandains : « Vées ichi le frère que je vous dis; « il a le frain d'argent en sen sain que li dyables lui donna « anuit. » Quant li frères devant dis eut oï ces choses, il jeta le frain de son sain et chaï devant les piés dou saint homme et dist : « Biax pères, j'ai pékié; pardonne le me « et prie pour m'ame qu'èle ne périsse. » Erraument que il eut chou dit, se couchièrent à terre et priièrent por l'ame dou frère. Li frère eslevant iaus de terre, et li frères devant dis eslevés dou saint père devant dit, virent donkes .ɪ. Ethyopien petit saillir de sen sain, et uslant à haute vois et disant : « Od tu, hom Diu ! Pour coi me boutes-tu « hors de men habitation où jou aï habité .vɪɪ. ans, et me « fais estraigne de men hyrétage. » A cele vois dist sains Brandains : « Je te commande ou non nostre signor Jhésu - « crist que tu ne faches mal à nul hommes dusques au « jour dou jugement. » Et dont ala au frère et dist :

5

« Prent le cors et le sanc notre signour ; car t'ame se de-
« partira de ten cors, et aras chi liu de sépulture. Elas !
« tes frères qui vint avoec ti de l'abbéie à ennifier liu de
« sépulture. » Quand il eut pris le corps Diu, li ame dou
frère est issue de sen cors, et fu prise des angeles voiant
les frères. Li cors de lui est enfouis en che liu meisme.

Dont vinrent li frère avoec sains Brandains au rivage de
cele isle ou li nés estoit. Si montèrent en le nef et uns jo-
venenchiaus portans .i. cuerbison plain de pain et une
buire plainne d'eve vint encontre iaus, qui dist : « Prendés
« benéichon des mains de vo sief; car longhc voie vous
« est à venir dusques adont que vous trouverés consolation.
« Nequedenkes ne vous faurra pains ne eve dusque en le
« Pasque. » Quand il eurent pris benéichon, il commen-
chièrent à nagier en le mer, et estoient refait adiès par
.ii. jours, et leur nés estait portée jà par divers lius de la
mer. .i. jour virent une isle ne mie lonc, et com il com-
menchaissent à nagier à cheli, propres vens leur vint pour
chou qu'il ne labouraissent outre lor forches. Comme li
nés fust arestée au port, li hom commanda à tous issir
de le nef, et il issi apriès iaus de le nef. Il alèrent entour
l'isle, et virent eves grans accourre de diverses fontaines,
plainnes de pissons, et sains Brandains dist à ses frères :
« Faisons chi œvre devine, et sacrefions à Diu un aigniel
« tout blanch; car li cainne notre Signour est. » Et demou-
rèrent là dusques ou saint samedi de Pasques. Il trouvè-
rent la diverses fons de brebis d'une couleur, (c'est de
blanch), en tel manière que li terre ne péust estre véue por
le multitude des brebis. Sains Brandains apiela les frères,
et dist : « Prendées dou fonc chou que besoins est au jour

« de le feste. » Il prisent dou fonc une brebis, et quant il
l'eurent loié par les cornes, elle ensivoit le trache de
chelui qui le menoit, aussi que s'ele fust privée. Sains
Brandains dist : « Prendés .i. aigniel tout blanch. » Com
il eussent empli les commandemens de l'homme Diu, il
apparillièrent toutes les choses au jour de lendemain, et
dont apparut à iaus uns hom portans une cuerbille plainne.
de pain cuit en cendres, et autres choses nécessaires à vivre.
Com l'eust mis devant l'omme Diu, il chaï enclins devant
se face par trois fiés as piés dou saint père et dist : « O
« margherite de Diu, de coi est chou par mérites miues,
« que tu ies péus en ces sains jours de le labeur de mes
« mains. » Sains Brandains dist, quant il eust chelui re-
levé de terre et baisiet. « Biaus fils, nostre sires Jhésu-
« cris nous a pourvéu .i. liu ou nous poons célébrer se
« sainte resurrexion. » A cui li devant dis dist : « Biaus pè-
« res, vous céléberrés chi, che saint samedi, végilles et messe
« en cele isle que vous vées maintenant. Diex nous a pour-
« véut de célébrer se sainte surrecxion. » Quant il eut
chou dit, il commencha le serviche des sergans Diu à
faire, et toutes les choses qui estoient nécessaires à lende-
main à apparillier. Quant habondanches de choses furent
à le nef aportées, li hom dist à sains Brandains : « Vos nés
« n'en puet plus porter. Je vous envoierai apriès .viii.
« jours, chou que besoins vous iert de mangier et de boire,
« dusques à le Pentecouste. » Sains Brandains dist : « De
« coi sés tu où nous serons apriès .viii. jors ? » A cui
il respondi : « En ceste nuit serés vous en cele isle que
« vous vées priès, et demain dusques à miedi. Apriès na-
« vierés à cele isle qui n'est mie lonc de çesti encontre

« occident, qui est appelée *Paradysannum*, et demouer-
« rés là dusques as octaves de Pentecouste. Sains Bran-
dains demanda chelui comment par quel manière les
brebis pooient estre si grandes qu'elles sont véues là?
Eles estoient plus grandes de bues. A cui chius dist:« Nus
« ne prent le lait de ces brebis en ceste isle, ne yviers ne
« les destraint; mais eles demeurent adiès ès pastures, et
« por chou sont elès plus grandes qu'en vos régions. » Il
avalèrent à leur nef et commenchièrent à nagier quant il
eurent donné li uns l'autre bénéichon. Quant il furent
aproismié à cele isle, li nés aresta devant chou, et il péussent
tenir le port de cele isle. Li sains hom commanda à ses
frères descendre en mer, et tenir le nef de toutes parts
par cordes, dusqu'à dont k'il venissent au port. Cele isle
estoit périlleuse, et uns petis bos i estoit, et ou rivage de
cheli n'avoit point de graviele. Entruès que li frère demou-
roient en orisons, li hom Diu estoit demourés tous seus,
car il savoit com faite cele isle estoit. Nequedenques ne le
valt demoustrer as frères qu'il ne péussent estre espoenté.
Quant che vint à le matinée, as prestres il commanda que
chascun cantaissent messes; et ensi fissent. Comme sains
Brandains eut canté le messe en le nef, li frère metoient
hors les chars crues de le nef por saler, et les pissons
qu'il emportèrent avoec iaus de l'autre isle, et misent .i.
cauderon sour le feu. Quant il eurent mis de l'aignele ou
feu, et li cauderons commencha à escaufer, cele isle se com-
mencha à mouvoir aussi comme eve. Li frère coururent
à le nef, et quisent aide dou saint père. Li sains pères traioit
chascuns de chiaus dedens le nef, et laissièrent en cele isle
quanqu'il avoient aporté, et desloioient le nef por en aler;

mais cele isle tornoit en le mer, et ne peurent vir le feu
ardant outre deus liues; et sains Brandains commencha en
tel manière à esposer à ses frères que che fu : « Bials frè-
« res, vous esmervilliés que ceste isle fist. » Il disent :
« Nous esmervillons molt et éusmes grant paour. » Qui
dist à iaus : « Mi filluel, ne vous voeilliés mie espaventer,
« car notre sires a revelé à mi le secré de ceste chose.
« Che n'est mie isle où nous avons esté, mais uns pis-
« sons, li premiers de tous les pissons noans en le mer;
« et quiert tos tans k'il ajoingne adiès se keue à se teste,
« et ne le puet pour le grant longèche, et qui a à non
« Jaconius. » Quant il eurent nagié dalès l'isle ou il es-
toient trois jors par devant, et venissent à le fin de cheli
contre occident, il virent une autre isle jointe près d'iaus
herbue. Et venoit li mers entre deus ne mie grande et plainne
de bos et de fleurs, dont conmenchièrent à querre le port
de l'isle; mais il nagièrent vers miedi de cele isle, et trou-
vèrent .I. ruissiel qui venoit en le mer, ou il arivèrent leur
nef.

Dont issirent li frère de le nef, et li sains hom leur
commanda k'il traisissent le nef par cordes contre le cha-
nel dou flueve. Li flueves estoit de si grant largèche de
com grande li nés estoit, il traisent le nef l'espace d'une
liue dusqu'à dont k'il vinrent à le fontainne de che flueve,
et entrués estoit li sains hom par devens. Li sains pères
considérans dist : « Veschi, nostre sires Jhésucris nous a
« donné .I. liu de manoir en se sainte résurrexion. » Et
dist encore : « Se nous n'eussiens ens autres anuis, ciste
« fontainne si com je le croi nous sousfiroit à mangier et
« boire. » Sour cele fontainne estoit uns arbres de mer-

villeuse largèche, mais n'estoit mic de haute grandèche,
couvierte de tant de blans oysiaus por chou que li rain de
chelui et les fuelles ne fuissent véues. Quant li hom Diu
eut chou véu, il commencha à penser en lui meïsmes :
—«Que seroi-ge ne quel chose poroi-ge estre que si grande
« assanlée péust estre en une collection ? » Li quel chose
mist l'omme Diu en si grand anui qu'il dépria Diu em plou-
rant, et dist : « Sire, Dex, connissières des choses nient
« connutes, et révéléres de choses repuses, tu ses l'an-
« goisse de men cuer. Pour chou, te prie jou que tu par
« te grande miséricorde adaignes à moi pécheur révéler
« ten secré que je voi maintenant devant mes iex, ne mie
« par le déserte de me propre dignité ; mais je le prie par
« le reuvart de te déboinaireté. » Quant ces choses furent
dites, uns de ces oysiaus vola de l'arbre, et sonnoient ses
eles si com tambur contre le nef ou li siers nostre Signeur
séoit. Comme elle séoit ou coron devant de le nef, elle
commencha à estendre ses eles aussi que par signe de lée-
che, et à lie chière reuvarder le saint père. Adont entendi
li hom Diu que Dex estoit ramenbrés de se priière, et dist
à l'oisiel : « Se tu ies messages Diu, di me dont cist oy-
« siel soient, ou por quel chose li assanlée de cheles soit
« chi. » Li quele dist maintenant :

« Nous sommes de cele rive de l'anchiien anemi ; mais
« nous ne péchâmes mie, ains nous i consentimes. Et là
« ou nous fûmes crié, de là par le caiement dou premier
« anemi avoecques tous ses sergans vint no déchaiemens.
« Certes notre Sires est justes et vrais qui par sen juge-
« ment nous a envoié en che liu chi. Nous ne souffrons
« nule painne, mais le présenche Diu ne poons nous véir,

« tant nous a il entre changié de le compaignie des autres
« ki i furent. Nous alons par les diverses parties de l'air et
« dou firmament et de le terre, aussi que li autre esperite
« qui sont envoiet ; mais ès sains jours et .ès dyemenches
« prendons tes cors que tu vois, et demourons chi, et loóns
« no créateur. Tu et ti frère irés .i. an (et encore t'en de-
« meurent .vi.) où tu as hui célebré le Pasque ; là le céle-
« braste chascun an. Et apriès trouveraste chou que tu as
« proposé en ten cuer. C'est le terre de le Promission des
« sains. » Quant elle eut chou dit, cis oysiaus s'esleva de
le nef et retorna as autres oysiaus. Comme li eure dou
vespre fust aprochié, tout li oysiel commenchièrent aussi
c'hà une vois à chanter, et feroient leur costes et disoient :
« Sire Diex, afiet hyne à ti en Syon, et à ty sera rendus li
« vous en Jhérusalem. » Et adiès recommenchoient che
verset aussi que par l'espasse d'une eure Et sanloit que
cile acordanche et cis sons fust aussi que chanchons de
plaignement pour le doucheur. Dont dist sains Brandains
à ses frères : « Refaites vos cors de le viande humainne,
« car nos ames sont soelées de le devine refection.» Quant
li mengiers fu finés, et les grasces rendues à Diu, li hom
Diu et cil qui estoient avoec lui alèrent dormir dusque à
mienuit. Dont s'esvilla li hom Diu, et esvilla ses frères à
mienuit. Et commencha che verset : « Sire, tu ouverras
« me bouche. » Quant li hom Diu eut finée se sentense,
tout li oysiel rendoient grant son d'eles et de bouche, et
disoient : « Tout li angele Diu loés vo créeur, et toutes les
« vertus loé le. » Et à viespres par l'espasse d'une eure
cantoient. Et com il fu ajourné, il commenchièrent à chan-
ter : «Li esplendisseurs nostre Signour soit sour nous,» par

yuel modulation, et demouroient en chantant ausi comme
il fisent ès laudes des matines. Et à tierche cantoient.aussi
che verset : « Cantés, cantés à no Diu., cantés à no roi sa-
gement. » A miedi cantoient :—« Sire, enlumine ten viaire
« sour nous, et aies merchi de nous. » A nonne chantoient :
« Diex com bonne chose est, et com esbaniaule habiter
« frères en une chose. » En tel manière rendoient et jour
et nuit loenge à noştre Signour.

En tel manière refist sains Brandains ses frères tous les
jors des octaves de Pasques. Quant li jour de feste furent
en tel manière finé, il dist : « Prendons de ceste fontainne
« chou que besoins nous est ; car dusques chi ne nous fu
« mestiers fors cà laver nos mains et nos piés. » Ces cho-
ses en tel manière dites , li hons devant dis avoec cui il fu-
rent trois jors devant Pasques qui leur donna le peuture
de Pasques, vint à iaus. S'avoit se nef rekierkie de viande
et de boire. Quant ces choses chi furent ensi aportées de le
nef devant le saint père , cis hom parla à iaus et dist : « O
« vous , homme frère, vous avez chi assés dusques à le
« sainte Pentecouste et ne bevés nient de l'eve de ceste fon-
« tainne ; car elle n'est mie à boire. Li nature de li est tele :
« Qui boit de li errant est si endormis et ne s'esvillera
« dusqu'à dont que .xxiiii. eures seront aemplies. Quant
« elle est courue hors de sen rin elle a le nature d'yaue. »
Après ces parolles quant il eut pris le bénéichon dou saint
père est revenus en sen liu.

Sains Brandains demoura en che liu à le Pentecouste,
et li chans des oysiaus estoit lor confortemens. Le jour
de Pentecouste entruès que li sains hom et si frère can-
toient les messes, vint leur procurères, et aportoit toutes

les choses ki estoient neccassaires au jor de le feste. Comme il furent cis hom avec les autres assis au mangier, et il parla et dist : « Grans voie vous demeure à faire. Prendés « vos vaissiaus tous plains de ceste fontainne et pains ses « cest bescuit que puissiés vuarder en l'autre en. Je vous « donrai quanque vo. nés pora porter. » Quant ces choses furent parfaites, et il eut rechut bénéichon, il retorna en sen liu. Sains Brandains après .VIII. jors fist kierkier se nef de toutes les choses que li hom devant dis leur avoit donné, et de cele eve fist emplir tous ses vaissiaus. Quant toutes les choses furent menées au rivage, dont vint li oysiaus de devant tost avolant, et s'asist devant en le nef; mais li sains hom s'aresta ; car connut bien qu'ele li voloit auchune demoustrer. Cele dist à vois humainne : « Vous ce-« leberrés avoec nous le saint jour de Pasque; et le feste de « Pasque qui est passée quant elle revenra céleberrés « où vous fustes en l'an qui est passés, à le cainne nostre « Signour. Là serés vous en l'an qui est avenir ou jour « devant dit. Aussi céléberrés vous chi le nuit de Pasque « ou vous le célébrastes sour le dos *Jasconii*. Et trouverés « une isle après .VIII. jours, cui est apielée *Familie Ali-* « *bei*. » Quanqu'elle eut chou dit, elle retourna en sen liu. Li frère commenchièrent à tendre leur voiles et à nagier en le mer. Et li oysiaus cantoit aussi c'hà une vois : « Sire « Dex ki ies nos sauvères et espéranche de toutes les fins « de le terre et de le mer essauche nous. »

Adont estoit li sains hom et se maisnie demenés chà et là par le grant mer, et par trois moys ne póoit véir nule chose fors ciel et terre. Et estoient repeut par trois jors et par .II. Un jour lor apparut une isle ne mie lonc. Com il

fuissent aproismié au rivage, li vens les i avoit trais em par-
tie, et nagoient ensi par .xl. jors tout entour l'isle, ne
ne pooient port trouver. Li frère prioient Diu que il leur
pretast aide ; car leur forches leur estoient en naise faillies
por le grant lasté. Quant il eurent demouré en orisons par
trois jors et jeuné, uns pors estrois leur apparut où il ne
pooit entrer c'une nef, et .ii. fontaines tourblées de vent, et
une autre clère. Quant li frère se hastèrent pour prendre
l'eve, li hom Diu dist : « Biau fils ne voeilliés mie faire
« chose que vous ne devés faire. Ne prendés nule chose
« sains congié de vo souvrain ; car il vous donront de
« leur gré chou que vous volés prendre larchineusement. »
Dont montèrent cil frère en leur nés et considerèrent
quél part il devoient aler. Uns hom viex plains de trop
grant grieté, blans de chaviaus et clère le fache, qui par
trois fies se couqua à terre devant chou k'il baisast l'omme
Diu. Cius hom et cil qui estoient avoec lui le levèrent dé
terre ; et entruès que cil le baisoient, li viels hom tenoit le
main dou saint homme, et aloit avoec lui par l'espasse
d'une liue, aussi chà une abbéie. Dont aresta sains Bran-
dains devant le porte de l'abbéie, et dist au viel homme :
« De cui est ceste abbéie, et qui i est souvrains ? et dont
« sont chil qui i demeurent ? » En tel manière demandoit li
sains pères le viel homme par diverses paroles. Et ne pooit
onques avoir de lui nul respons ; mais tant demoustroit par
se main qui est acoustumée chose de taisans ne fait mie à
croire, que li sains hom connut le secré dou liu, et amo-
nesta ses frères en disant : « Vuardés que vous ne parlés
« que cist frère ne soient cunchiié par vos parolles. » Quant
ces choses furent dites, dont vinrent .xi. frère encontre

ians à capès et à crois, et cantant, et disoient che chapi-
tiel : « Vous, saint homme, levés de vos nations et alés en-
« contre vérité. Saintefiiés le liu ; bénéissiés le peule, en
« tel manière que vous adaigniés vuarder nous qui sommes
« vo siergant. » Quant cis versés fu finés, li pères de ceste
abbéie baisa sains Brandains et ses compagnons par ordéne.
Et ausi si sergant baisoient le maisnie dou saint homme.
Quant li pais fu donnée de l'un et de l'autre, il les menèrent
en leur abbéie, ensi que coustume est ens ès parties d'oc-
cident. Après ces choses li abbés de l'abbéie et si moigne
commenchièrent à laver les piés de ses ostes, et à chan-
ter. Quant che fu fait, il les rechut à grant pais. Aü man-
gier après, quant li cloque fu sonnée, et il eurent lavées
lor mains, il s'asiseht au mangier tout entour ; et encore
resonna li cloque, et uns des frères de l'abbéie qui ser-
voit à le table de pains d'esmervilleuse blanchoïr, et d'unes
rachînes de saveur ne mie créable. Li frère séoient en or-
dène mesléement avoec les ostes. Uns pains entirs estoit
mis entre .ii. frères. Encore quant li cloque fu sonnée li
sergans donnoit à boire as frères. Li abbés enortoit les frè-
res à lie chière, et disoit : « De ceste fontainne que vous
« vausistes hui larchineusement boire de cheli, faites ore
« carité à léeche, et à le cremeur Diu ; de l'autre fontainne
« tourblée que vous véistes sont lavé li pié des frères
« omme jour ; car il est caude en tous tans. Li pain que
« vous véistes, c'est chose nient connute à nous où il sont
« apparillié ne qui les porte en no celler ; mais nous savons
« bien que che nous est donné de l'aumosne Diu, par au-
« chune créature sougite à lui. Nous sommes .xxiiii. frère
« qui avons .xii. pains à no mangier ; entre .ii. et .ii. .ii.

« pain. Ens ès jors de feste et dyemenches i met Dex
« pains entirs pour chou k'il aient à souper dou relief;
« maintenant pour vo venue avons nous no penture dou-
« blée, et ensi nous norri Jhésucris très le tans saint Pa-
« trise et saint Albey no père, dusqu'à ore à .xx. ans; et
« nequedenques viellèche ne langors ne puet estre ac-
« cinte en nos menbres. En ceste isle n'avons nous nule
« disete de mangier qui soit à fu apparillié. Après froidure
« ne caurre ne nous sourvaint onques; mais quant li tans
« [est] de dire les messes ou les végilles grant cierge sont
« espris en no église, que nous avons aporté de no terre
« par le devine prédestination de Diu, et ardent dusques
« au jor, et de ces cyrons n'en amenuise nus. »

Puis k'il eurent béu par trois fies, li abbés sonna le clo-
que, si comme il avoit à coustume, et li frère se levèrent
tout ensamble par grant silenche, et par pesantume de le
táule, et aloient lès les sains pères à l'église. Sains Bran-
dains, et li devant dis pères de l'abbéie aloient après; com
il fuissent entré dedens l'église dont vinrent .xii. autre
frère encontre chiaus, flékissant leur genous par grant dé-
votion. Sains Brandains dist à l'abbé : « Abbés, pour coi
« ne mangièrent cist avoec nous? » Dont respondi li ab-
bés : « Che fu por vous; car il ne péussent mie avoir man-
« gié à no table; et maintenant mangeront, et nule chose
« ne lor faurra. Nous enterrons en l'église, et canterons
« viespres, si que no frère ki maintenant mangeront puis-
« sent à tans chanter viespres. » Quant il eurent fenies
lor viespres, sains Brandains commencha à considérer
comment cèle église estoit édefiié. Ele quarée autant de
lonc que de lé, et y avoit .vii. cirons ardans en tel manière

ordenés. Trois en avoit devant l'autel qui estoit ou moilon
de l'église, et quatre devant les .ii. autres auteus. Et li
autel estoient fait de crestal quaré, et li vaissiel des auteus
estoient aussi de crestal. C'est les platines et li calisse, et
li orceul, et tout li autre vaissiel qui pertenoient à l'autel,
et li .xxiiii. siége entour l'église. Li lius ou li abbés séoit,
estoit entre les .ii. cuers ; car de chelui commenchoit li
une o li des cuers, et en che liu finoit, et une autre aussi.
Nus de nule des parties n'osoit commenchier levier fors ke
li abbés. Nule noise ne nus resonnemens n'estoit en l'ab-
béie ; mais se nus des frères avoit mestier d'auchune chose,
il aloit devant l'abbé, et s'agenilloit et demandoit chou que
mestiers li estoit. Et li abbés prendoit une grafe, et escri-
soit en une table par le révélation de Diu, et le donnoit
au frère qui demandoit conseil de lui.

Quant sains Brandains eut chou reuvardé en son cuer,
li abbés dist à lui : « Sire pères, il est jà tans que nous
« retornons au refroitoir, si que toutes les choses soient
« faites de jours. » Et ensi fisent, si com il apertient au
mangier. Toutes ces choses sont ainsi finées selonc l'orde-
nanche dou jour. Trestout se hastoient d'aler à complie.
Quant li abbés eut laissié che verset : — *Deus in adjuto-*
rium meum, et il eut donné honeur à le trinité, il disent
che verset : — *Injustè egimus, iniquitatem fecimus.*
Tu qui es pères, Sire, aies merchi de nous. Je dormirai
em pais en che liu et reposerai. Apriès chou chantoient
l'ofisse qui apertenoit à cele eure. Quant li offisces de
chanter fu finés, li frère en aloient à leur maison, et pren-
doient leur ostes avec iaus. Li abbés séoit avoec sains
Brandains en l'église, et atendoit le clarté. Sains Brandains

demandoit de le silense des frères, et comment tele con-
versions pooit estre vuardée en char humainne. Dont li
respondi li sains péres par grant révérense, et par humi-
lité : « Sire abbés, je di devant men Diu Jhésucrist .IIII.
« .xx. an sont passé que je vinc en ceste isle ne onques
« n'oîmes nules humainne vois, fors chou que nous chan-
« tons loenges à Diu. Entre nous ,XXIIII. ne parlons nient
« fors par signe de doit ou d'ex tant seulement. Nus de
« nous ne sostint onques en frère de cors, ne maise temp-
« tation d'esperité qui occist humainne lignie, puisque
« nous venîmes en che liu. » Sains Brandains dist : « Je
« vous pri, dites s'il nous loist chi estre ou non?—Qui dist-
« il ne vous loist mie estre ; car che n'est mie li volentés
« Diu. Mais sire pour coi le me demandes tu? En ne t'a Diex
« revelé k'il te convient faire devant chou que venisses à
« nous? Il te convient retorner à ten liu à tot tes .XXIIII. frè-
« res ou Dex a apparillié le liu de te sepulture. Li doi qui
« demeurent, li uns ira en pélerinaige en l'isle qui est
« apielée *Anachoritarum*; mais li autres sera condamp-
« nés en infier de vilainne mort. »

Entrués qu'ils parloient ces choses entr'iaus, fu envoié
une sajete de feu par le feniestre, qui aluma toutes les lam-
pes qui estoient mises devant l'autel. Et par cele fenestre
est errant li sajete retornée quant les lampes furent alu-
mées. Encore demanda sains Brandains qui estaignoit
les lampes à le matinée? A cui li sains péres dist : « Vien
« avant et voi le sacrement de le chose. Vois, chi tu vois
« les candeles argans enmi les vaissiaus, et de celes n'art
« nule chose por coi eles soient menres ne ne descrois-
« sent, ne à le matinée ne demeure nule flame que à le ma-

« tinée ; car li lumière est espéritueus. » Sains Brandains
dist : « Comment puet en corporeil créature lumière in-
« corporens ardre corporelment? » Li vieillars respondi :
« En as-tu luit que li buissons arst ou mont de Synaï? et
« nequedenques ne fu li buissons ars dou feu. » Et quant
il eurent villié dusques à le matinée , sains Brandains quist
congié d'aler en sen pélérinaige. A cui li pères dist : « Non
« ferai ; car tu dois avoec nous célébrer le nativité nostre
« Signor, dusques as octaves de le tyephane. » Li sains
père et se maisnie demourèrent par le tans devant dit
en l'isle qui est apielée *Albei*. Quant les festes furent pas-
sées, et il eut pris le bénéichon des sains hommes ; et il
eurent pris chou qui estoit nécessaire à leur vivre , sains
Brandains et se maisnie tendirent lor voiles en le mer, et
en tel manière sains naviron et sains voile aloit lor nés
par lius divers , dusques al entrée de quaresme.

Un jour virent une isle ne mie lonc d'iaus. Quand il
l'eurent véue, il commenchièrent durement à nagier ; car
il estoient jà constraint de faim et de soif. Et se lor estoit
lor viande faillie, iii. jors devant ; mais sains Brandains
bénéi le port, et tout li frère issirent de le nef, et trou-
vèrent une fontainne très clère, et herbes diverses et ra-
chines entour le fontainne et diverse manière de pisçons
courans par le chanel dou ruissiel courant en le mer. Sains
Brandains dist à ses frères : « Diex nous a donné confort
apriès labeur. Prendés des pissons chou qui sousfist à no
mangier, et les ruestissiés sour le feu. Cueilliés aussi les
herbes et les rachines que notre Sires a apparillié à ses
sergans. Comme il espandissent l'eve à boire, li sains
hom dist : « Vuardés que vous ne usés outre mesure de ces

eves que vos corps ne soient travillié plus griement ; mais
auchun des frères ne vuardèrent le commandement de
l'homme Diu ; car auchun en burent plaim hanap, li autre
.ii., li autre trois. Et chil qui avoient beut .iiii. hennas,
dormirent trois jors et trois nuis. Li autre .ii. jors et .ii.
nuis, et li autre .i. jor et une nuit ; mais quand li sains
pères vit chou, il ne cessa de priier Diu pour ses frères,
pour chou que par ignoranche leur estoit avenus tex perius.
Quant cist trois jors furent en tel manière trépassé, li sains
pères dist à ses compaignons : « Bials frère, fuions ceste
mort que pis ne nous en avingne. Dius a donné no past,
et vous avés fait de chou outrage. Issiés de ceste isle, et
prendés nos despens dès pissons, chou que besoins nous
est par trois jors, dusque à le chainne nostre Signor, et
aussi de l'eve .i. hennap plain à chacun des frères par
chascun des trois jors, et des rachines inelement. » Quant
il eurent kierkié le nef de toutes les choses que li hom Diu
leur avoit commandé, et commenchièrent à nagier en le
mer contre septentrion ; mais apriès trois jours et .iiii.
nuis, li vens cessa et commencha li mers à estre aussi que
acoisie por le grant paisieulete de le mer. Li sains pères
dist : « Metés les navirons dedens le nef, et laskiés les
» voiles, Diex gouvrenera cheli tout partout ou il vaura. »

Apriès chou notre Sires donna à iaus propre vent dont
tendirent lor voiles et nagièrent d'occident dusques en
orient, et se rapparilloient de trois jors à autre. Un jour
leur apparut de lonc une isle aussi c'une nue. Sains Bran-
dains dit : « Mil fil, connissiés vous ceste isle ? » mais chil
respondirent : « Nenil. » Et il dist : « Je le connois. Chou est
« li isle où nous fumes en l'an qui est passés à le chainne notre

« Signor, où nos boins procurères demeure. » Quant li frère
eurent chou oit, il commenchièrent à nagier durement
pour le grant joie, quanque leur forches péurent soustenir.
Comme li hom Diu eut chou véut, il dist :«Ne voeilliés mie
« folement lasservos bras ; en est Dex omnipotens gouvre-
« nères de vo nachiele. Laissiés li faire, car il adrechera no
« voie si com il vaura.» Quant il furent avenu au rivage de
cele isle devant dite, cis procurères devant dis vint encontre
iaus en une nachiele et les mena au port où il estoient
descendu en l'an passé de leur nef loant Diu, et baisoit
les piés de chascun, et disoit : « Notre sires est esmervilla-
« bles entre ses sains. » Comme cis versés fu dis, et toutes les
choses furent aportées de le nef il tendi une tente et
aparilla .i. baing. Il estoit adonques li chainne notre, et
vesti tous les frères de nouviaus vestemens, et les siervi
par trois jors. Li frère faisoient feste de le passion notre
Signour par diligense dusques au saint samedi. Quant il
eurent finées les orisons dou jour, et sacrefiée les offrandes
espiritueles, et li chainne fu finée, cis procurères dist à
iaus : « Montés en vo nef pour chou que vous voisiés cé-
lébrer le nuit de le surrexion nostre Signor, où vous le
célébrastes en l'autre en et le jour dusques à midi. Apriès
irés vers l'isle qui est apielée li paradys des oysiaus, où
vous fustes en l'an passé à le Pasques dusques as octaves
de Pentecouste. Aportés avocc vous totes les choses qui
neccessaires vous sont, si com de boire et de mangier,
et je vous viseterai l'autre dyemenche apriès. Et ensi
fisent. Sains Brandains quant il eut donnée se bénéichon
entra en le nef, et nageoient en tel manière à cele isle.
Comme il aproismaissent au liu où il devoient descendre

6

de le nef, dont apparut à iaus li cauderons k'il avoient l'autre an laié. Sains Brandains descendi et commencha à canter l'isne des trois enfans dusques en le fin. Quant li sains hom eut finée l'isne, il amonesta ses frères et dist : « O vous mi fil, villiés et ourés, que vous n'entrés en « temptation ; reuvardé que a soumis desous nous une très « grande bieste sains nul impediment. » Li frère villoient espars par cele isle dusqu'à l'eure de matines. Apriès tout, li prestre offroient à Diu chascuns une messe dusques à l'eure de tierche. Sains Brandains et si frère montèrent en le nef et sacrefiièrent à Diu .1. blanch aigniel; et disoit à ses frères : « En l'autre an célébrai jou chi le surrexion « notre Signor; aussi le voel jou faire et en cest an. » Apriès · alèrent à l'isle des oysiaus.

Quant il aproismièrent au port de cele isle, tout li oysiel chantoient à une vois, et disoient : « Salus soit à no Diu « séant sour le trosne, et au vrai aigniel, » et encore di- soient : « Nostre Sires Dex s'est esclarcis à nous. Estaulis- « siés jour festiaule dusques au cor de l'autel. » Tant longhement résonnoient de leur vois et par leur eles, que li sains pères et se maisnie et toutes les choses qui estoient en le nef furent mises en le tente. Là célébra li sains hom le feste de Pasque, dusques as octaves de Pentecouste, dont vint li devant dis procurères à chiaus au jour k'il leur avoit proumis, et aportoit avoec lui chou qu'il con- venoit à l'usage de vie. Com il fuissent assis à le table dont vint li oysiaus devant dis et s'assist ou coron, et résonnoit de ses eles estendues aussi que che fust li sons d'uns grant orgene. Li sains hom connu qu'ele li voloit auchune chose demoustrer, et cis oysiaus dist : « Diex vous a pres-

« destinet .IIII. lius par .IIII. tans, dusqu'à tant que li .VII.
« an de vo pélérinaige seront finé; mais vous serés à le
« chainne nostre Signor avoec vo procureur qui est chi
« présens. Et ou dos de la balainne ferés le fieste de Pasques
« avoec nous dusques as octaves de Pentecouste; avoec le
« maisnie Albéi ferés le feste de le nativité notre Signor. Et
« aprésles .VII. ans vous avenront molt de péril et divers, et
« trouverés le terre de le répromission des sains que vous
« querés et habiterés la .XL. jors, et après vous ramenra
« Diex à le terre de vo naissenche. » Li sains pères quand il
oï chou, il s'enclina à terre et li frère aussi, et rendi
grasces et louenges à sen créateur. Dont se retourna li
oysiaus en sen liu. Quant li mangiers fu finés, li procu-
rères dist : « Se Dex me velt aidier, je revenrai à vous à
» l'avénement dou saint Esprit à ses aposteles, à tout chou
» que besoins nous ert. » Et quant il eut rechut le bénéi-
chon, il retorna en sen liu; mais li sains pères demoura là
les jors qui li furent dit. Quant li jour de feste furent passé,
li sains hom commanda à ses frères à apparillier le nef,
et à emplir les vaissiaus de fontainne, com li nés fust jà
menée à le mer, dont vint li devant dis hom à tout de nef
kierkié de viandes. Comme il eut mis toutes ces choses en
le nef dou saint homme, et il eut pris pais à tous les frères,
il retourna dont il estoit venus. Li sains hom et si com-
pagnon nagièrent en le mer, et ala li nés vage par .XL.
jours en le mer.

Un jours s'apparut à iaus une balaine molt très grande,
après iaus qui gietoit escume par ses narinnes et départoit
les ondes par isniel cours, aussi com s'ele les vausist dé-
vourer. Quant li frère l'eurent véut, il crièrent à nostre

6.

Signour et disent : « Sire, délivre nous; que ceste balainne
« ne nous deveure ! » Lí sains pères les comforta et dist :
« Ne voeillés espaventer par petit de foi. Diex qui est nos
« deffensères, il nous deliverra de le geule de cele beste, et
« de tous autres perius. » Quant elle aprochoit, les ondes
d'esmervilleuse hautèche aloient devant li dusques à le nef,
et li hounerables viels hom extendi ses mains au chiel,
et dist : « —Sire délivre tes siers aussi que tu délivras David
« de le main Goulyat le gayant, et Jonatain dou ventre de le
« grant balainne. » Quant il eut fenie ses orisons dont vint
une grant balainne devers occident encontre l'autre beste.
Comme elle eut mis hors feu de se geule, elle commencha
le bataille contre l'autre. Dont dist li viels hom à ses frè-
res : « —Vées les merveilles de no Sauveur, vées l'obédien-
« che qu'eles ont à leur créateur. Or atendés le fin de le
« chose, car cile bataille ne vous fera nule chose de mal;
« mais che sera anchois gloire de Diu. » Quant il eut chou
dit, li chaitive beste ki vuerjoit les sergans Jhesus Crist,
est depechié en trois parties devant iaus, et li autre apriès
se victoire retorna dont ele estoit venue.

Un autre jour virent une isle plainne d'arbres lonc
d'iaus, et mult très biele. Quant il vinrent priès dou
rivage de cesle isle, il s'apparillièrent d'issir de le nef,
et virent le daerrainne partie de le beste qui tuée estoit;
et sains Brandains dist : « Vés ichi les beste qui vous
« vaut dévourer. Vous le dévoerés. Vous demourrés
« lonc tans en ceste isle. Levés vo nef plus haut à terre, et
« querrés boin liu as tentes. » Il leur destina .i. liu à
habiter. Cum il eurent fait selonc le commandement de
l'omme Diu, et eussent mises toutes les utiles choses en

le tente, il dist à iaus : « Prendés tout vo despens de cele
« balainne qui vous soufisse par trois moys; en ceste nuit
« sera cile caroigne devourée des bestes. » En tel manière
aportoient hors les cars dusques as vespres quanques be-
soins leur estoit selonc le commandement dou saint père.
Quant il eurent faites ces choses toutes, li frère disent :
« Sire abbés, comment porons nous chi vivre sains eve?»
Li sains hom respondi à chiaus : « Est chou plus grans
« chose à Diu donner eve à vous que viande. Alés encontre
« miedi de ceste isle, et vous trouverés une fontainne clère,
« et molt d'erbes et rachines. Et prendés de chou men
« despens selonc mesure. » Et il trouvèrent tout si com
li hom Diu leur avoit devant dit. Sains Brandains m'est la
par trois moys; car tempeste estoit en le mer et li vens
très fors, et des vieletes d'air, de gresil et de plueve. Li
frère aloient vir chou que li hom Diu avoit dit de ceste
beste ; car quant il vinrent au liu ou li caroigne avoit
devant esté, il ne trouvèrent nule chose fors les os. Cil
revinrent à l'homme Diu, et disoient : « Sire abbés, ensi
« que tu desis, ensi est. » Il dist à chiaus : « Je sai biau fil
« que vous vausistes esprouver se j'avoie dit voir. Je vous
« dirai autre signe. Li portions d'un pisson venra là. Et
« demain serés soelée de chelui. » Le jour après alèrent li
frère au liu, et trouvèrent aussi comme li hom Diu avoit dit;
et aportèrent quanque il em péurent aporter. Li sains pères
dist à iaus : « Vuardés ces choses diliganment, et les
« metés en sel. Eles vous seront nécessaires. Nostre Sire
« fera cler tans hui, et demain et après demain, et li tem-
« pête de le mer cessera et des flueves, et apriès en irés
« de che liu. » Quant li jour devant dit furent passet, sains

Brandains commanda à ses frères akierkier le nef, et les
huires et les vaissiaus aemplir. Les herbes et les rachines
commanda à quillir à sen oes; car puis k'il fu fais prestres
ne gousta chose où il éust espir de vie. Quant li nés fu
kierkié de toutes ces choses, et il eurent tendu leur voiles,
il s'en alèrent vers septentrion.

Apriès en .i. autre jour virent une isle lonc d'iaus, et
sains Brandains dist : « Vées vous cele isle? » Il disent
« Oil nous le véons. » Sains Brandains dist : « Troi peu le
« de jovenes enfans et de viex hommes sont en céle isle;
« uns des frères ira jà. » Mais li frère demandoient li quels
c'estoit d'iaus. Comme il demouraissent en cele sentense,
et véist chiaus estre dolans, il dist : « Cis est li frères qui
« demouera là. » Cius frère qui i devoit demourer fu uns
des trois frères ki sivirent le saint hom de s'abbeie. Des ques
frères il avoit parlé quant il montèrent en le nef en sen
pais. Tant aprochièrent à l'isle devant dite dusques à cele
eure, que li nés s'aresta ou rivage. Cile isle estoit de mer-
villeusè planeté, entant qu'ele soloit estre ivueus à le
mer; s'il est à savoir sains arbres et sains auchune chose
qui péust estre mute par vent. Elle estoit molt biele. Ne-
quedenques estoit ele couverte de blanques escales et
vermelles. Illueques estoient .iii. compaignies, si comme
li hom Diu avoit dit devant; car entre l'une compaignie et
l'autre compaignie, estoit une espasse aussi que le giet
d'une piere c'une fondefle gete. Et adiès aloient de chà
et de là, et li unes des compaignies canļoit en estant en
.i. liu, et disoient : « Li saint iront de vertus en vertus,
« et li Diex des Dex de Syon sera véus. » Quant li une
compaignie avoit finé che verset, li autre compaignie

arestoit et recommenchoit le chanchon devant dite, et
ensi faisoient sains nule areste. Li première compagnie
des enfans estoit en vestures très blanques; li seconde en ves-
tures jacintes, et li tierche compaignie en vermaus damal-
tiques. Li quarte eure dou jour estoit quant il prisent port
en l'isle. Quant il fu eure de miedi, les compaignies toutes
trois commenchièrent ensamble à canter, et dire ceste
saume : *Deus misereatur nostrí*, dusques en la fin, et :
Deus in adjutorium, et le tierche saume : *Et credidi
propter quod*, et l'orison si comme devant. Aussi chan-
tèrent à nanne les autres trois saumes : *De profondis*, *Ecce
quam bonum*, et *Lauda Jherusalem Dominum ;* à ves-
pres : *Te decet*, et *benedic anima mea Dominum*, *Do-
mine Deus meus in te*, et le tierche saume : *Laudate
pueri Dominum*, et li .xv. de gré chantoient enseant.

Quant il eurent fenie cele cantike esrant couvri cele isle
une nue de mervillable oscurté, si que chil ne pooient vir
les choses qu'il avoient devant véu pour l'espesse de le
nue. Et nequedenques ooient le vois des chantans le chan-
chon devant dite sains nul arest dusques à l'eure de
matines. As quelles il commenchièrent à chanter : *Lau-
date Dominum de celis*, apriès *Cantate Domino*,
le tierche saume : *Laudate Dominum in sanctis ejus*.
Apriès chou chantoient .xii. saumes par l'ordene dou
sautier; mais quant li jours commencha à esclaircir, li isle
est descouverte de le nue. Errant apriès chantoient trois
saumes : *Misereatur*, *Deus Deus meus*, *Domine refu-
gium*. A tierche les autres trois, chou est : *Omnes gentes*,
Deus in nomine, *Dilexi quam et alleluia*. Apriès sacre-
ficiièrent .i. aigniel blanc. Et tout venoient au communion

et disoient : « Chou est chi li sains cors nostre Signour, et li sans de no sauveur : prendé le à vous en vie parmenable. » Quant li immolations de l'aigniel fu en tel manière finée , doi de le compaignie de jovenenchiaus portoient .i. cofin plain d'escalles vermelles et les misent en le nef, et disent : « Prendés dou fruit de l'isle des fors hommes , et nous « rendés no frère, et en alés em pais. » Dont apiela sains Brandains le frère devant dit à lui, et dist : « Baise tous « tes frères et va avoec chiaus qui t'apielent. A boinne « eure te conchut te mère. Quant tu as desiervi à estre « avoec tele assanlée. » Li sains hom le baisa et dist : « Bials fils, ramenbre toi com grant bien Dex t'a promis « en c'est siècle. Va t'ent et prie pour nous. Maintenant « ensuii .ii. jovenenchiaus à leur escolle. »

Li sains pères commencha de là à nagier. Comme li eure de mangier fu venue , il commanda les frères à repaistre de ces fruis leurs cors. Quant il en eut prise une et eut véue le grandèche, il s'esmervilla pour chou qu'elle estoit plainne de jus, et dist qu'il n'en avoit onques nule véue, ne n'en avoit coilloit onques tés fruis de si grande quantité. Eles estoient d'iuel forme, en manière d'un estuef grant, et dont prist .i. vaissiel, et espressa une de celes , et emprist une livre dou jus. Quant il l'eut devisée en .xii. onches, il en donna à chascun une onche, et en tel manière se repaissoient li frère par .xii. jors de chascune de ces fruis. Et avoient adies saveur de miel en lor bouque. Quant ces choses furent finées, li sains pères commanda à juner trois fies en certains jours. Quant che fu passé, dont vint uns oysiaus très grans, et voloit entor le nef, et tenoit .i. rain d'un arbre k'il ne connissoit mie, et avoit ou soumeron .ı. grant bronchon d'une mervilleusé rougeur, et se le laissa chaïr ou géron dou saint homme. Li sains hom apiela ses frères et dist : « Prendés le mangier que Dex vous envoie.» Les crapes de cel arbre estoient aussi comm punque. Li hom Diu départi à ses frères par crapes, et en tel manière avoient leur vivre par .xıııı. jours.

Quant ces choses furent aemplies, li sains hom commanda le june devant dit à ses frères. Le tierch jour apriès virent une isle ne mie lonc d'iaus, toute couverte d'arbres très espès, qui avoient le fruit des devant dites crapes de plentivté nient créable, en tel manière que tout li arbre estoient crombiiet dusques à terre d'un fruit d'une couleur. Nus arbres n'estoit qui ne portast fruit en cele isle, ne ni avoit nul arbre d'autre manière, dont prisent li frère port. Li hons Diu descendi de le nef, et commencha à avironner cele isle. Li oudeurs de cele isle estoit aussi que li oudeurs d'une maison plainne de puns vermaus. Li frère atendoient duschà dont en le nef que li sains pères revenist à iaus. Entrementiers leur souffloit cele douche oudeurs en tel manière c'on quidast que leur june en fust atemprée; mais li sains pères trouva .vı. fontainnes courans plainnes d'erbes et de diverses rachines. Apriès ces choses revint à ses frères, et aportoit avoec lui des fruis de cele isle, et disoit à iaus : « Issiés de le nef, fikiés le tente, « et vous confortés des très boins fruis de ceste terre que « nostre Sires nous demonstre. » Ensi estoient repeut des crapes et des herbes et des rachines. Apriès .ı. poi de tans entrèrent en lor nef, et portoient avoec iaus des fruis quanques il peurent. Il montèrent en le nef et laskièrent les voiles por chou que li vens les menast; et quant il

eurent nagié, uns oysiaus lor aparut qui estoit apiélés gri-
fons et voloit encontre iaus. Quant li frère l'eurent véu,
il disoient au saint père : « Ciste beste est venue pour
« nous devourer.»As quels il dist : « Li homme Diu ne nous
« cremés jà ; Dius est nos aidières, qui nous desfendera
« mayement à ceste fie;» mais cele estendoit ses ongles pour
prendre les siergans Diu.

Dont vint apriès cis oysiaus qui lor avoit aporté devant
le rain à tout le fruit encontre le grifon par cruel volement,
et se combatirent ensamble longhement, et nequeden-
ques fu ele aveulie de ses iex, et le vainqui, et li caroigne
devant les frères chaï en le mer. Li oysiaus qui avoit l'au-
tre vaincue retorna en sen liu. En lisle célébroient les
maisnies Albei le nativité nostre Signor. Ces choses faites
en certains jors, sains Brandains prist le bénéichon dou
père de l'abbeie, et ala entour le mer par mult de tans à
le Pasque, et en le nativité nostre Siguour estoit-il ès lius
qui devant sont nommé.

Un jour avint après, quant sains Brandains faisoit le feste
de saint Pière l'apostele en se nef, kil trouvèrent le mer
si clère kil pooient véir chou qui estoit desous iaus. Il vi-
rent diverses manières de bestes gisans desous l'araiune.
Il sanloit à iaus qu'il péussent prendre ces bestes ou fons
pour le grant clarté de le mer ; car eles estoient aussi
comme fons de biestes gisans ès pastures, por le multitude,
et sanloit qu'eles peussent estres prises par derier ; car
elles s'estoient mises en rondèche aussi comme cités ronde.
Li frère prioient le saint père k'il cantast le messe bas, que
les bestes par l'estraine oie ne fuissent esmeutes à iaus
vueriier. Sains Brandains en sourist et dist à iaus : « Je

« m'esmerveil molt por vo sotie. Pour coi cremés vous
« ces bestes, et si ne cremés mie le devoureur de toutes
« les bestes. Vous avez maintes fie sis sour leur dos et
« chanté maiement. Avés vous caupé le bós et le fu alumé,
« et car quité sor leur dos? Pour coi cremés vous donques
« ces bestes? En n'est Dex sires de tout qui puet hume-
« liier toute chose qui a arme? » Quant il eut chou dit il
commencha à chanter au plus haut qu'il peut. Tout li au-
tre frère revuardoient adiès les bestes. Quant les bestes
l'eurent oï, elles se levèrent et nagoient entour le nef en
tel manière que li frère ne péussent nule autre chose véir
fors le multitude des biestes noans. Et n'aprochoient ne
tant ne quant à le nef; mais ains aloient lonc en noant chà
et là, dusqu'à dont que li hom Dieu eut finée se messe se
retornoient. Apriès chou nooient aussi qu'en fuiant par
diverses voies de le mer, et s'en aloient de devant les sier-
gans Diu. A painnes peurent en tel manière par .VIII. jors
à boin vent, et à voiles estendus trespasser le clère mer.

Apriès avint com il chantaissent messes, leur apparut
une coulombe en le mer, et ne leur sanloit mie moult
lonc d'iaus; mais il ne péurent cheli aproismier devant
trois jors. Quant il vinrent priès, li hom Diu revuardoit le
soumeron de cele coulombe, et nequedent ne le pooit
revuarder pour le hautèche; car ele estoit plus haute de
l'air; mais ele estoit couverte de si petite couvreture c'u-
nes poroit passer par les traus de cheli. Et nequedent ne
savoient de quel matère cis cinceliers furt fais. Il avoit le
couleur d'argent et senloit à chiaus k'il fust plus durs de
marbre. Li coulombe estoit de crestal très cler; mais li
hom Diu dist as frères : « Metés les navirons devens le

« nef et l'arbre et les voiles, et li autre de voûs tiegnent
« les fliembres de che cinchelier. » Li devant dis cinceliers
tenoit une grant espasse d'une liue de le coulombe, et en
tel manière estoit il estendus en le mer parfont. Quant
chou fu fait, li hom Diu dist à iaus : « Metés le nef de-
« vens par auchun trau, pour chou que nous voiens dili-
« ganment les merveilles de no créateur. » Com il fuissent
entré ens par .i. trau, et il eussent revuardé chà et là, li
mers de voile leur apparut por le clarté, en tel manière
que toutes les choses qui desous estoient, pooient estre
véues ; car li fondemens de le coulombe pooit estre consi-
dérée, et li soumerons aussi, cinceliers gisant en terre.
Li lumière dou soleil n'estoit mie devent menre que de-
huers. Dont mesuroit sains Brandains .i. trau entre .iiii.
cinceliers de .iii. quantes en toute partie ; dont navia par
tout le jour, d'alés l'un costé de cele coulombe, et adiès
l'ombre dou soleil et le caurre, dusques outre l'eure de
nonne ; et en tel manière mesuroit li hom Diu l'un costé
de quarante mile centes. Li mesure estoit une por les .iiii.
costés de celle coulombe. En tel manière ouvroit li hom
Diu par .iiii. jors. Au quart jour trouvèrent .i. calisse de
le manière dou cincelier, et le platine de le couleur de le
coulombe encontre le vent. Les ques vaissiaus li hom Diu
prist et dist : « Nostre sire Dex Jhésucris nous démoustre
« ceste merveille pour chou qu'ele soit demoustrée à croire,
« et m'a donné ces .ii. dons. » Li sains hom commanda à
ses frères à parfaire l'uevre devine, et priés repaistre
leur cors. Il n'avoient nul anui de viande ne de boire, puis
k'il éureut véut cele coulombe.

Quant il eurent cele nuit passée, il commenchièrent à

nagier contre septemtrion. Com il eurent trespassé .i.
flueve, il misent lor arbre et leur voiles en haut, et li au-
tre tendoient les felimbres dou cincelier, dusqu'à dont que
toutes les choses fuissent en le nef apparilliés. Quant il
eurent tendus leur voiles, boins vens commencha à venter
apriès iaus en tel manière que mestiers ne leur fu de na-
gier; mais tant seulement de tenir les cordes, et en tel
manière alèrent par .viii. jors contre *aquilonem*.

Quant cil jour furent passé, il virent une isle molt
vilainne et molt périlleuse, et plainne d'escume de fier,
sains arbres et sains herbe, plainne d'offickines de feures.
Li honnerables pères dist à ses frères : « Certes, biau
« frère, j'ai angoisse de ceste isle. Je ne voloie mie aler
« à cheli ne aprochier jà ; mais li vens nous i a trais. » Dont
avint entruès que cil passoient un petit aussi que le giet
d'une pière, il oirent les sons des soufflés soufflans aussi que
de tounoiles, et le hurtement des mailles contre le fier et les
englumes. Quant il eurent oies ces choses li sains pères
s'arma de le victoire notre Signour en .iiii. parties, et
dist : « Sire Jhésucris, délivre nous de ceste isle. » Quant
li parole de l'omme Diu fu finée, dont issi uns des habi-
tans huers aussi que por parfaire auchune oevre, il estoit
mult hireceus, et caus à manière de feu et oscurs. Comme
il véist les sergans Diu passer d'alès l'isle, il retorna en
son offechine. Li hom Diu entruès s'armoit et dist à ses
frères : « Mi fil, temtés plus haut vos voiles, et naviiés
« avoec tost et fuions ceste isle. » Quant il eut chou dit
dont vint li hons de devant, et vint encontre iaus au ri-
vaige, et portoit uns tenailes en ses mains, et une masse
vermelle de feu d'escume de fier de molt grande gran-

dèche et molt caude, le quele il jeta hastéement sour les siergans Diu, et ne lor nui si nient, car elle les trespassa aussi que l'espasse d'une estage ou elle chaï en le mer. Et commencha à escaufer ausi que li ruine de le montaigne de feu. Et montoit li fumière de le mer aussi que li fumière d'un carefour; mais quant li hom Diu eut trespassé l'espasse d'une liue de che liu ou li masse chaï, tout cil qui estoient en l'isle coururent au rivage, et portoit chascuns une masse de cele escume. Li autre jetoient leur masse après les siergans Diu en le mer; li autres le getoit se masse. Apriès revinrent tout à leur offechines, et les alumèrent; et cile ille apparut aussi que toute argans, et ainsi c'uns clotons de feu; et li mers escaufoit aussi c'uns cauderons plains de char quant il est bien servis dou feu; et ooient partout le jour.1. grant uslement, maiement quant il ne pooient véir l'isle. Li uslemens des habitans en cele isle vint à leur oreilles, et à leur narinnes une pueurs molt grande. Dont confortoit li sains pères ses moignes et disoit : « Od vous chevalier Diu enforchiés vous en foi vraie « et ès armes espéritueles; car nous sommes ès voisinetes « d'ynfier. Por chou velliés et faites hardiement. »

Un autre jour apriès leur apparut une montaigne haute en le mer encontre septentrion ne mie lonc; mais elle estoit aussi que par tenuenes nues, et molt fumeuses ou soumeron; et maintenant les traist uns vens au rivage de cele isle dusqu'à dont que li nés se fu arrivée ne mie lonc de le terre. Li rive de celle isle estoit d'une grande hautèche, en tel manière qu'à painnes pooient véoir le soumeron de cele isle et les couleurs des carbons d'esmervilleuse hautèche aussi comme uns murs. Uns des trois frères qui remest

qui avoient sivi sains Brandains de s'abbeie, sailli huers de
le nef, et commencha à aler dusques au fondement de le
rive, et commencha à crier et dist : « Hélas ! biaus pères,
« j'ai grant dolour de vous de-chou que je n'ai pooir de
« venir à vous. » Li frère menèrent esrant le nef arrière
de le terre et crioient à nostre Signor et disoient : « Sire
« aiés merchi de nous ; sire aiés merchi de nous ! » Mais li
sains pères disoit comment li maleureus estoit menés de
molt de dyables, et véoit comment il estoit embra-
sés. Doleurs sera à ti en chou que tu rechois tele fin
de te vie. De rechief les prist uns boins vens, et les mena
devers miédi. Comme il reuvardaissent derrière iaus, il vi-
rent le montaigne de cele isle descouverte de le fumière,
et le flame esclarcissant à l'air, et de rechief rechevoir à li
ces meismes flames, en tel manière que toute li montaigne
dusques à le mer sanloit que che fust uns fus.

Quant il eurent très miédi le voie de .VII. jors, une
forme aussi que d'un homme lor apparut qui séoit sur
une piere et avoit .I. voile devant lui à le mesure d'un sac
pendant entre .II. fourkes fierées, et en tel manière es-
toit demenés par les flueves que li nés quant elle est périe
par le vent. Li .I. cuidoient que che fust une nés ;
li autre cuidoient que ce fust uns oysiaus. Li hom
Diu respondi à iaus : « Mi frère laissiés ceste tenchon.
« Adrechiés vo nef à che liu. » Com li hom Diu fust apro-
chiés jà, ils arestèrent entour aussi que en .I. mont, et trou-
vèrent l'omme séant sour le pierre hirecheneus et lait, et de
toutes pars les eves quant elles acouroient à lui le feroient
dusques au hatériel. Quant elles s'en raloient cile pierre ap-
paroit toute nue ou cis chaitis séoit. Le drap que pendoit

devant chelui li vens le metoit en sus de lui, et le fe-
roit parmi les iex et le front. Dont li demanda li sains
hom qui il estoit, et pour quel chose il estoit là envoiés,
et pour coi il avoit desiervi k'il sostenoit tel penanche. Il
dist : « Je suis li très maleureus Judas, li très malvais mar-
« chans. Je n'ai mie che liu de déserte, mais de le très
« grande misericorde de Jhésucrist. Cis lius ne m'est mie
« contés à penanche, mais à la miséricorde de Diu, et à
« l'ouneur de le résurrection nostre Signour ; car il estoit
« dyemenches. Il me sanle quant je siée chi que je soic
« em paradis des délisses por le cremeur des tormens qui
« me sont à venir en ceste vesprée ; car jou arc aussi que
« li masse de plonc remise en le buire jour et nuit enmi
« le montaigne que vous vées. Là est li dyables et si ser-
« gans, où je fui quant jou englouti no frère. Et pour chou
« s'esléechoit infiers, et mist huers grans flames ; et ensi
« fait adiès, quant il devoure les ames des malfaiteurs.
« Jou ai men refroidement en tous les jors de dyemenche
« dou matin dusques à le vesprée, et de le Nativité nostre
« Signour dusques à le Tiephane, et de Pasques dusques à
« Pentecouste, et en le purification nostre Dame, et en
« l'Asumption. Tous les autres jours et toutes les autres
« nuis sui jou tormentés en infier avoec Herode et Pylate,
« Anna et Caypha. Pour chou vous prie jou pour le ra-
« chateur dou monde, que vous voeilliés prier pour mie à
« nostre Signour Jhésucrist qu'il me laist chi estre dusqu'à
« demain à la jornée, que li anemi ne me tormentent en
« vo venuè, et mainnent au malvais yretage que j'ai achaté
« par malvais loier. » A lui dist li sains hom : « Li volon-
« tés nostre Signour soit faite. Tu ne seras mie mors des

« dyables dusques à demain. » Encore li demanda li hom
Diu et dist : « Quel chose te veut cis dras ? » Il dist : « Je
« donnai che drap à .i. mesiel quand je fui cambrelens
« men Signeur; mais pour chou que ce n'estoit mie miens
« k'il ne fust aussi bien nostre Signor que les autres frères,
« pour chou ai jou nul refroidement; mais anchois empée-
« chement et les fourques à coi il pent je les donnai as
« prestres pour soustenir le cauderon le piere sour coi
« je siech. Je le mis en une fosse d'une commune voie de-
« vant chou que je fuisse desciples nostre Signour.»

Quant li eure de le vesprée eut acouvert le fache de
Théodis, dont vint une assanlée d'anemis, grant noise fai-
sans, et dist : « Tu qui es hons Diu, dépar te de nous, car
« nous ne poons aprochier à no compaignon, se tu ne te dé-
« pars de lui. Nous n'osons reuvarder le fache de no prin-
« che, devant chou que nous li rendons sen ami. Tu nous
« renge no mors et ne le nous voeillies mie toillir en ceste
« nuit..» As ques li hons Diu dist : « Je ne le vous desfent
« mie; mais nostre sires Jhésucrist li a presté ceste nuit
« pour demourer chi. » Li dyable respondirent à lui;
« comment apieles tu le non nostre Signour pour lui,
« comme il soit trahitres notre Signor? » Dont dist li hom
Diu : « Je vous commande ou non nostre Signor Jhésu-
« crist, que vous ne li faites nule chose de mal dusqu'à le
« matin..» Quant cele nuis fu en tel manière trespassée, à
le matinée, quant li hons Diu commencha à faire se voie,
dont vint molt très grans multitude de dyables, et couvri
le fache de l'abisme, et metoient crucus vois et disoient :
« Od tu hons Diu, maudite soit te venue et te départie ;
« car nos prinches nous a batus en ceste nuit de très

« malvaise bature ; car nous ne li avons mie présenté che
« chaitif maudit. » Li hons Diu dist à iaus : « Cile maléi-
« chons me sera mie à nous, mais à vous ; car chius que
« vous maudissiés il est bénis , et chius que vous bénéis-
« siés il est maudis. » Dont disent li dyable : « Cis maleu-
« reus Judas soustenra doubles painnes en ces .vi. jours;
« car vous l'avés desfendut en ceste nuit. » Dont res-
pondi li sains hom as dyables : « Vous narés mie cele pois-
« sanche ne vos prinches ; car li volentés iert. » Et dist en-
core : « Je vous commande ou non nostre Signour et à
« vo prinche que vous ne li acroissiés ses tormens plus
« que devant. » Dont li respondirent : « Es tu sires de
« tous que obéissons à tes parolles. » Li hom Diu dist à
iaus : « Je suis siers de chelui que chou ki est commandé
« en son non soit fait, et ai signourie de chou de chiaus
« qu'il m'a livret. » Et en tel manière le sivirent duschà
dont k'il fu départis de Judas. » Li dyable se retornèrent et
lavèrent leur maleureuse arme de doleur devens iaus par
grant volenté et de urlement. Li hom Diu nageoit contre
miedi et glorefioit Diu en toutes ses choses.

Le tierch jour apriès virent une isle petite lonc d'iaus.
Com il se hastaissent de nagier aigrement à cheli , li sains
hom dist : « Biau frère, ne vous voeilliés mie lasser trop
« durement ; .vii. ans sont que nous issimes de nos païs à
« oeste pasque qui est tost a venir; car vous verrés main-
« tenant saint Pol espérituel en cest isle sans nus vivre
« corporeil qui i a demouré par .lx. ans ; car .xxx. ans
« devant prist-il viande d'une beste. » Comme li sains
hom et si frère fuissent venu au rivage , il ne pooient
trouver nule entrée pour le hautèche de le rive Cele isle

estoit mult petite et réonde aussi que d'un estage. Ou sou-
meron de cele isle n'avoit nient de terre , mais tant seule-
ment i trouvèrent une piére nue à manière d'une roche. Li
longhèce, li larghèce et li hautèche estoient iueles. Il alè-
rent entour cele isle et trouvèrent .I. port tant estroit que
li corons de leur nef i péut prendre à painnes entrée. Li
hom Diu dit à ses frères : « Atendés chi dusqu'à tant que
« revenrai à vous ; car il ne vous i loist mie entrer sains
« le congié de l'omme Diu qui demeure en che liu. »
Quant li honerables pères fu venus au soumeron de cele
isle, il vit .II. fosses l'une encontre contre l'autre entrée ou
costé de cele isle encontre orient , et une fontainne très pe-
tite et réonde en manière d'une pele ronde, qui venoit de
le plère qui estoit devant l'uis de le fosse où li chevaliers
Jhésucrist séoit ; mais ou li fontainne devant dite se levoit,
esrant le bevoit cille piére. Quant sains Brandains fu
aprochiés de l'uis de l'une de ces fosses, de l'autre issi
uns viellars encontre lui , et dist : « Com bonne chose
« et com esbaniaule èst les frères habiter en un. » Quant
il eut chou dit, il commanda à sains Brandains k'il apielast
tous ses frères de le nef. Quant il eut chou fait, li hom Diu
baisa tous les frères , et les apiela par lor propres nons.
Lequel chose oie, il s'esmervillièrent molt ne mie tant
seulement de l'espérité de prophésie , mais de sen habit ;
car il estoit couvers tous des chaviaus de sen chief et de se
barbe , et des autres paus dusques as piés a le sanlanche
de blanque noif pour le grant vielleche. Il n'avoit nule
vesture fors paus qui issoient de sen cors ; mais sains
Brandains quant il eut chou veut, il se courecha devens lui
et dist : « Jou ai doleur de chou que je porte habit de

7.

« moigne, et à mi sont commandé molt d'omme : sour
« le non de cel ordene. Quant je voi l'omme d'estat d'an-
« gele, et encore est en char humainne nient corromput
« des visces de char. » Li hom Diu li respondi : « Od tu,
« honerables pères, quantes et com faites t'a Diex demons-
« tré k'il ne manifesta onques à nul des sains pères. Et tu
« dis en ten cuer que tu n'ies mie dignes que tu portes
« l'abit de moigne. Tu ies plus grans de moigne. Li moi-
« gnes est norris de le labeur de ses mains, et en est
« vestus. Diex t'a péut par .vii. ans de ses secrés et viestu,
« et te maisnie aussi. Jou chaitis siech chi sour ceste pière,
« nus aussi c'uns oysiaus, fons chou que je sui vestus de
« mes paus. » Dont demanda sains Brandains comment
il estoit venus en cel liu, et dont il estoit et par quel tans
il avoit soustenut tel vie. Il respondi : « Je sui norris en
« l'abbéie saint Patrise par .l. ans et vuardoit le cimme-
« tière des frères.

« Un jour avint que mes doïiens me demoustra le liu
« d'une sépulture où uns mors seroit ensevelis. Uns viel-
« lars m'aparut que je ne connissoie mie et dist : —« Ne
« voeilliés mie biau frère faire cele fosse chi ; car chou est
« li fosse d'un autre. Je dis à lui : — Biaus père, ki ies-tu ?
« et il dist :—Pour coi ne me connois-tu ? En ne sui jou tes
« abbés ? Je respondi à lui : — Sains Patrises est mes ab-
« bés ; mais il dist :—Je sui sains Patrises. Je trespassai ier
« de che siècle. Cis lius est de me sépulture. Il me demous-
« tra che liu :—Chi enfouerai no frère, et ne di à nului chou
« que je t'ai dit. Demain iras au rivage de le mer, et tu
« i trouveras une nef qui te menra au liu où tu attenderas
« le jour de te mort. Jou alai à le matinée selonc le com-

« 'mandement dou saint père, et je le trouvai aussi qu'il
« m'avoit dit. Quant je fui entrés en le nef, je commen-
« chai à nagier par trois jors et par trois nuis. Quant il
« furent trespassé, je laissai me nef où li vens le vaut me-
« ner; mais au septime jour je trouvai ceste pière en le
« quele jou entrai et laissai me nef, et le feri de men piet
« pour chou qu'elle s'en alast dont elle estoit venue. Cele
« trespassoit les onde molt très tost, et r'aloit en son pais.
« Et j'ai chi demouré dusques au jour d'ui. Le premier
« jour que jou entrai chi, uns loutres m'aporta à l'eure
« de nonne .I. pisson à mangier, et un fais de grains à
« faire le feu, entre ses .II. piés devant, et aloit sour les piés
« derrière.

« Quant il eut mis devant mi le pisson et les grains,
« il r'ala dont il estoit venus, et je feri le pière d'un
« fier et apparillai mc viande, et fis le feu des grains, et
« apparillai me viande dou pisçon; et en tel manière par
« .XXX. ans cis siergans m'aportoit ces meismes vian-
« des, chou est par trois jors m'aportoit .L. pisçon,
« et nule chose ne me défailloit que je vausisse avoir;
« mais au dyemenche issoit .I. pau d'iaue de cele piere, de
« coi je pooie restraindre men soif et mes mains laver.
« » Apriès xxx. ans trouvai jou ces .II. fosses et ceste fon-
« tainne. De li vif jou sains par .LX. ans, sains autre nouris-
« sement fors de ceste fontainne. Nonante ans a passés
« que je suis en ceste isle; .xxx. ans ai jou vescut de viande
« de pisson, et .LX. ans ai jou esté ou past de ceste fon-
« tainne; et .L. ans fui jou en mon pais. Tout li an de
« me vie sont de cent et .XL. ans, et dorenavant doi
« jou en ceste char atendre chi le jour dou jugement.

« Alés vous ent ore en vo païs, et enportés avoec vous vos
« vaissiaus plains de ceste fontainne. Il vous sera bien
« besoins ; car il vous demeure encore grant voie par .xl.
« jors, dusques ou samedi de Pasques ; vous céléberrés
« le saint samedi de Pasques, et le Pasque et les jors où
« vous les celebrastes par .vi. ans. Et apriès, quant vous
« arés rechut bénéichon de no procureur, vous en irés
« à le terre de le promission des sains ; et là demouerrés
« par .xl. jors. Et apriès ces choses vos Diex vous ra-
« menra sains à le terrre de vo païs. » Adont quant
il eut rechut le bénéichon de l'omme Diu, il nagoient
contre miedi par tout le quaresme. Li né estoit menée
chà et là, et li iaue estoit à iaus aussi que viande qu'il
avoient pris à l'isle l'omme Diu. Trestout li frère fu-
rent lié par trois jors, et soelé sans nule défaute de boire
et de mangier.

Apriès vinrent à l'isle dou devant dit procureur au saint
samedi de Pasques. Cius vint au port encontre iaus à grant
joie, et les levoit tous de le nef par leurs mains. Quant li
offices dou saint jour fu trespassés, il leur mist une table
pour souper, et quant il fu aviespri il entrèrent en le nef
et cis hom avoec iaus. Dont trouvèrent une balainne ens
où liu acoustumé où il chantoient loenges à Diu toute nuit,
et messes à le matinée. Quant li messe fu chantée, Is-
conius commencha à aler se voie, et tout li frère crioient
à nostre Signor, et disoient : — « Sire Dex, oés nous ! »
Sains Brandains confortoit ses frères et disoit : — « Ne
« voelliés nient resoigner : vous n'arés nul mal ; mais li
« aiue de vo voic vous apert. » Li balainne vint par droite
voie au rivaige de lisle des oysiaus, où il demourèrent dus-

ques as octaves de Pentecouste. Quant li tans des solemp-
nités fu trespassés, li procurères ki estoit avoec iaus dist
à saint Brandain : « Entrés en le nef, et emplissiés les bou-
« chiaus de ceste fontainne. Je serai ore li compains de vo
« voie et li menerés ; quar sains mi ne porrés vous trouver
« la terre de le promission des sains. » Dont montèrent en
le nef, et tout li oysiel qui estoient en cele isle disoient
aussi chà une vois : « Nostre sire Dex, de nos salus fache
« à chiaus boinne voie. » Il retornèrent à lisle de leur pro-
cureur, et il avoec iaus, et prisent là le despens de .XL.
jours. Leur procurères aloit devant iaus et adrechoit leur
voie.

Quant .XL. jours furent passé et che vint à le vesprée,
une grans oscurté les acouvri en tel manière que li uns
pooit à painnes véir l'autre. Leur procurères dist : « Sés
« tu quele oscurtés chou est chi ? »—Sains Brandains dist :
« Quele est-ele ?» Dont dist chius : — « Ciste oscurtés avi-
« ronne ceste isle que vous querés par .VII. ans. » Apriès
l'espasse d'une eure, les enlumina une grans lumière, et
li nés s'aresta au rivage, dont issirent de le nef, et virent
une terre grande et plainne d'arbre portans puns aussi
qu'an vuin. Il alèrent parmi cele terre, ne oncques n'eu-
rent nuit, mais jour adiès. Si prendoient tant des puns
et buvoient des fontainnes. Et en tel manière aloient par
.XL. jors par cele terre ; mais il ne pooient trouver le fin
de cele isle.

Un jour trouvèrent .I. flueve grant venant parmi l'isle.
Li sains hom dist à ses frères : « Nous ne poons passer
« che flueve, et ne savons le grandèche de cele terre. »
Com il pensaissent ces choses entr'iaus, uns jovencn-

chiaus vint devant iaus, et les baisa à grant léèche, et apiela chascun par leur propres nons, et dist : « Sire, bé-« néoit sont cil qui habitent en te maison. Il te loeront ou « siècle des siècles. » Quant il eut chou dit, il dist à saint Brandain : « Vés ichi le terre que tu as quis par lónc tans; « mais tu ne le pues trouver, car Dex te valt de-« moustrer ses divers secrés en le mer grande. Retorne-« t-ent en tel manière à le terre ou tu fus nés, et se prent « avoec ti de ces fruits et des pierres précieuses, tant k'il « em puet entrer en te nef; car li jour de ten pélérinage « aproisment que tu reposes avoec les sains pères. « Apriès molt de tans sera demoustrée ceste terre à tes « successeurs, quant elle sera aidiée par le tribulation des « crestiiens. Li flueves que tu vois devise ceste isle. Aussi « comme elle apert maintenant avons menre de fruit. En « tel manière est-elle en tous tans sans nule oscurté : li « lumière de cheli est Jhésucris. » Quant il eurent pris des fruis de cele terre et des diverses manières de pierres, et il eurent laissié lor procureur devant dit et le jovenenchiel, sains Brandains monta en le nef et commencha à nagier par l'oscurté. Comme il l'eurent trespassée, ils vinrent à l'isle qui est apiellée ille de délisces. Quant il eurent demouré par trois jors, sains Brandains prist se bénéichon, et retorna arrière se voie à sen liu, et là fina-il les jors de se vie em pais. — Amen. —

Chi défine de sains Brandains et des merveilles k'il trouva en le mer d'Irlande.

DE

SAINT BRANDANS

QUI ERRA .VII. ANS PAR MER

ET DES MERVELLES QU'IL TROUVA.

Entendés ci de saint Brandant
Qui fu nés devers occidant,
Qui .VII. ans erra par les mer
Por plus douter Diu et amer.
Il fu hom de grant abstinance
Et ot desous s'obédiance;
Près de .III. mile moigne frères.
Dont il estoit abés et pères
.I. soir avint c'uns siens cousins,
(Preudom vers Diu estoit et fins,)
Qui d'une ille estoit revenus,
Vint d'une ille et li dist salus;

Et saint Pols tantost li requist
C'aucun bien de Diu li desist
Et cil prist tantost à plorer
Et s'atiera por Diu ourer.
Quant ouré eut si se leva
Sains Brandant, et puis se baissa,
Et dist : « Pères, por coi nos fais
Tristes del'plourer que tu fais?
Nos atendiens de ti oïr
Ce qui nos deust esgoïr.
Di nos de Diu aucune rien
Qui as nos ames face bien.
Dont li prist sains Barins à dire
D'une ille, et li dist : « Oiiés, sire,
Mes filleus qu'estoit procurères
Des povres Diu, abés et pères,
S'en fui je ne sai comment
Por Diu servir tant seulement,
Et en une ille s'en ala
Mult lointainne en le mer qui a.
L'ille Délicieuse a non:
Lonc tans après me conta-on
Que de pluiseurs moinnes estoit
Abés et Dix por li faisoit
Miracles, dont m'esmui d'aler
Por ce mon filleul visiter;
Mais il cri (*six*) Diu seut fait savoir
Que je le venoie véoir.
Le tierc jor me vient al devant
Il et si frère tout naiant.

Mult en i eut, si m'onerèrent
Et en lor ille me menèrent
U parsement demoroient,
Mais tot d'une oevre à Diu servoient.
D'erbes, de pumes et de nois
Se vivoient là tout le mois.
Après complie s'en alèrent,
Cascuns en sen liu aourèrent
Tant que .i. cors .i. sains sona
U mes fillex luès me mena
Duscà le rive de le mer.
Me fist en une nef entrer,
Et me dist : « Père, alons nagant
En une ille, vers occidant,
C'a non de repromission,
Dont Dix fera à ses sains don. »
Dont nagâmes tant c'une nue
Nos toli des eus la véue,
Si c'à painnes veiens lefin
De le nef, et tant qu'à le fin
Vint grans clartés une eure près.
A terre nos aparut après
Large et herbeuse et mult pumiers.
.xv. jors alâmes entiers
Par cele ille c'ainc n'i péumes
Trover, fine herbe ni véimes
Sans fleur, n'arbre sans fruit, ne pière
Que ne fust prescieuse et cière.
Au .xv. jor si véimes
.i. fleuve que passer vosimes;

Mais ne séumes pas coument.
Luès véimes soudainement
Un home plain de grant biauté
Et par non nos a salué:
Et dist : « Dix revélé vos a
Ceste terre qu'as siens donra.
Le moitié de ceste ille dure
Dusqu'à ceste iaue; n'aiés cure
De passer outre, retornés
Là dont vous iestes chi estés. »
Sen non li requiers et se terre,
Et il dist : « N'aiés soig d'enquerre
Dont je soie, ne de men non.
Por coi ne m'enquirs-tu raison
De ceste ille, car tousi
Come tu le vois orendroit çi
En tel biauté toudis habunde
Très le commencement del' monde?
Del' n'as-tu de rien mestier :
.I. an i as esté entier
Que n'i as mangié ne béu,
Ne dormi, n'oscurté éu.
Toudis i a jor sans termine :
Que Dix Jhésucris l'enlumine! »
Lors ralâmes vers notre nef
U cil nos conduist mult souef.
Quant ens fûmes plus nel' véimes,
Par l'oscurté en revenimes
Dusqu'en l'ille Délicieuse,
Dont mult fisent vie goieuse

Li frère de notre venue.

Quant mainte larme orent rendu

Por nos, et disent que maint jor

Avoient esté sans pastor,

Je les confortai et lor dis

Qu'à le porte de Paradis

Estoit lor conversations.

L'ille de Repromission.

Que Dix a à ses sains promise

Est içi près de nos assise.

U il n'aura jà nuit fors jor:

Votre abés i a fait séjor.

.i. angles a cel liu en garde;

Bien vos en poés prendre garde

A l'odeur de ses vestimens

Qu'en Paradis fûmes lonc tens.

Cil disent : « Abés, bien savons

Que Paradis fait brief tans lons,

Et bref tans en poi d'eure met;

Mais nos ne savons ou il est.

.XL. jors nos a duré

Li bone odors de notre albé.

.XV. jors après demourai

O men filluec que n'i mangai;

Car les cuers aviens soéeleé

De cele grant boneurté.

.XL. jors après reving.

A me ciele dont je ci ving

Et u je m'en r'irai demain

Avoec mes compaignons bien main. »

Sains Brandans qu'et le cuer méu
A ce que il avoit véu,
De cascune de ses maisons
Prist .ii. frères de bons renons,
Et leur dist en secré : « Signor,
Se mesfaire voel par amór
Castiée m'ent et reprennés;
Car tos mes cuers et mes pensers
S'est esméus por là aler
Dont j'oi saint Barin parler
Si liément por carité.
Cil qui seurent se volenté,
Li dient : « tout bien l'otriohs,
Et s'il te plaist o toi irons.
N'avons-nos vuuerpi nos parans,
Nos iretages à tous tans,
Et mis nos cors dedens te main ?
Nos somes tant et soir et main
A ten service aparillié
A mort et à vie tout lié. »
Là fisent tout lor quarentaine
De jéuner ou d'autre painne.
Après le quarentime jor
Mist sains Brandan autre pastor
Por ses frères garder d'anui.
.xiiii. frères prist o lui
Et en une ille s'en alèrent.
A .i. saint père demourèrent
.iii. jors, puis prisent du baron
A sen congié bénéiçon;

Et trespassèrent le païs

Dont sains Brandans estoit naïs,

N'onques parent n'i vaut véoir.

En .i. haut mont vinrent .i. soir

U il eut entrée de mer :

Là prisent li frère à ovrer

Une nef legière et costue;

Et le vuardèrent por le pluie

De cuirs de buef bien contées.

Fors fu et bien jointe li nés;

Et le vuarnirent par dedens

De tous les aparillemens

Qu'à nés puéent faire secors.

Viande por .XL. jors

I misent, puis entrèrent ans

Li frère, si com sains Brandans.

Estoit por bénéir le port.

Puis vinrent açorant mult fort

Vers sains Brendans .iii. autre frère

A ses piés et disent : « Biau père,

Laisse nos aler avoec toi

U nos morrons ici de soi,

Car tos jors desiré l'avons. »

Dont le fist entrer li sains hons

Et dist : « Bien sai com vos venistes;

O cest bon frère vous méesistes

Qui boin liu atent sans meskief,

Et vous arés ingaument grief. »

Puis entre sains Brendans dedens,

Puis se fiert u voile li vens

Qui droit vers orient les mainne

Tost et légièrement sans paine.

Après le quinsaine tout droit

Lor fali li vens qu'es menoit.

Il prisent à nagier des rains

Tant que plus ne porent des mains.

Sains Brandans les à confortés :

« Biax frère, fait-il ne doutés,

Car Dix est notre drois nagières.

Metés les rains caiens arrières,

Le voile sans plus estendés;

Si face Dix ses volentés! »

Ensi alèrent longement,

Caucune fois avoient vent;

Mais ne savoient de quel part

Il alaissent ne tort n'a tart.

Après .XL. jors avint

Que lor vivre falir convint,

Dont virent une ílle vers bise

Mult hautement entor assise

Si com de haut mur por fremer,

Dont maint ruit caoient en mer;

Mais n'i porent nul port trover

U lor nés péust arester,

Dont vaurent de le mer puchier

Por fain et soif faire estanchier,

Mais sains Brandans lor deffendi;

« Folie est, fait-il, je vos di;

Dix ne nous velt pas monstrer port.

Volés vos , fait-il , faire tors ?
Jhésucrist .iii. jors çi après
Nos refera de ses bons més.
Quant par .iii. jours si ont alé
Entor l'ille si ont trové
.i. port por une nef sans plus,
Dont se liéve sains Brandans sus;
Et montèrent u haut ròcié
Si com a .i. mur desrocié.
Lor nef laissièrent là ester
Sans riens de lor harnas oster.
Quant lassus vinrent .i. kiens vint
C'as priés sains Brandans cois se tient;
Et sains Brandans dist à ses frères :
« Le nos mostre Dix com bons pères
Boin message or alons après; »
Dont sivent tout li kiens de près
Dusqu'au castiél u il entrèrent.
Le sale aornée trovèrent
De lis et d'iaue as piés laver.
Sains Brandans prist à sermonner
Ses frères, si dist : « Vuardés vos,
Que Sathanas ne viegne à vos.
L'un des .ii. qui vint à le fin
A jà fait faire larecin :
Priés por ame, se cars est
U pooir Sathanas le let. »
Par les parois de le maison
Pendoient vaissiel rique et bon
D'or et d'argent bien aorné ,

8

Et sains Brandans a coumandé
A sen desciple aparillier
Le mangier et cil garde arrier,
Et voit le taule tantost mise
Plaine de viande à devise,
Pain blanc, com nois et bon pisson,
Dont fisent lor bénéiçon,
Et s'assisent par tel loisir
Que cascuns eut tot sen plaisir.
Après mangier se reposèrent
En biax lis que laiens trovèrent;
Et quant tout furent endormi
Si vit sains Brandans l'anemi
Si com .i. mult petit enfant
.i. frain en se main tot aiant
Devant cel frère, et il oura
Dusc'au jor que il se leva.
Ses frères vers le taule aler.
Plus revoient le taule ester.
Si com devant, et il disnèrent;
Ensi .iii. jor i séjornèrent,
Puis s'esmurent de l'aler tuit.
Sains Brandans dist ge ves anuit.
Vuardés que nus n'enporce rien.
Tout dient : « jà n'en ferons rien
Dont empiriés soit li voiages.»
Sains Brandans dist : « Cil n'est pas sage
C'un frain d'argent en sen frain a
Que li diables li dona. »
Cil li caï els piés et dist :

« Jà pecie par mal esperit .
Pardone le me et si proiè,
Por m'âme qu'en péril ne soiè. »
Tantost à terre le coukièrent
Tout li frère et por Diu prièrent.
Quant levé furent, tout li frère
Se virrent du sain à cel frère
Saillir le petit mor hukant.
« Haus Diu , por coi me taùs me gànt?
En cesti ai .vii. ans esté
Et or m'en as desireté. »
Sains Brandans dist : « Je te commant
U non le Pere tot poissant
Qu'à home mais ne faces mal
Dusc'au jugement communal. »
Puis dist au frère : « Reçoif tost
Le cors et le sanc que Dix volt.
T'âme n'a plus de ten cors cure ,
Laiens aras te sepulture.
Li tiers de vos .iii. qu'ancor vit
A jà fait en infer sen lit. »
Quant cil ot pris sen Sauvéor
Si s'en part l'âme sans séjor
Qu'as angles Diu porter en virent ,
Et le cors laiens enfoirent.
Si com dedens leur nef entrolent
.i. biel juetel venir voient
.i. panier portant plain de pain
Et .i. vaissiel d'iaue tot plain.
Et dist : « Prendés benéiçon

8.

De votre serf que vos faites don ;
Ains vos couvient mult lonc aler ,
Ains c'autre bien pussiés tröver.
Toute voi ce ne vous faura ,
Dusquà Pasques et luès s'en va. »
Li frère qui par mer nagoient
En .II. jors une fois mangoient.

Ensi vont par le mer nagant
Tant c'une isle virent, et quant
De ce part prisent à nagier,
Si vint .I. vant por eus aidier.
Quant à port furent s'issent hors :
Si com par l'isle alojent lors,
Si virent une iaue mult grant,
De pissons plaine, et sains Brandan
Fist canter messe au grant juedi
De Pasques ; et puis au samedi
Virent brebis en divers lius,
Toutes blanques, tant que nus d'ius
Ne puet véir outre eles terre ;
Dont sains Brandan envoia querre,
Por cel jor une à lor quommune,
Quant li .I. d'ex en troya une,
Si le sivi tantost sans paine ,
Et cil a sains Brandans le maine.
Il dist : « .I. virge agnel prendés
Et il i est tous aprestés. »
Quant ocis fu por lendemain
Si vint .I. hom qui portoit pain

Si com de cendresse couleur
Et d'autre mangier p eus leur.
Quant devant sains Brandan s'assist
Si li caï a piés, et dist :
« O prescieuse riens de Diu ,
Dont te vience qu'en cest jor Diu
Soies péus de tuen labor ? »
Sains Brandan li dist par amor :
« Biax fix , notre Dix Jhésucris
Nos a hui en ceste ille mis
Por célébrer en sen saint non
Le sainte resurrection. »
Cil dist : « çi ferés le végile
Et demain serés en tés isle
U du cors ferés sacrement. »
Puis empli lor nef bonement
De ce qu'al cors lor fust mestiers,
Et dist : « Vostre nés n'a mestier;
Et si saciés Diu en .VIII. jors
Vos envoiera tel secors
Qui durra dusqu'à Pentecoste. »
Sains Brandan dist : « dont connoiste
U nos serons d'ui en .VIII. jors? »
Cil dist : « Là ert nostre secors
Et dusc'a demain miedi
Dont irés .I. poi lonc de ci
Vers là où couque li solaus,
Dusc'al paradis des oisiaus. »
Dont li demanda sains Brandans
Des brebis : « Por coi sont si grans

Si come bués ? » et cil respont :

« Nus n'en trait lait, por ce tex sont.

Nuit et jor sont en lor pasture,

Por ce sont plus grant par nature :

Que les bués dont adiès ostés. »

Luès les a en lor nef portés

Vers l'isle qui reçut ancoit.

C'a terre fussont à lor cois

Il issent hors et vont à pié

Dusqu'en lisle et ont atakié

Lor nef à corde et s'en vont.

Par l'ille ou mult de pières sont.

Peu i eut bos, d'erbes n'eut riens :

Cil ne laissièrent pas lor biens;

En orison furent le nuit,

Et sains Brandans en le mer vit

Qui bien saveit que l'ille estoit,

Mais espoenter les voloit.

Et Sains Brandan canta le soie

Messe de Diu et simple et coie

En le mer où li frère prisent;

Car terre et poisson si se misent

Dedens le caudière por cuire.

Si com le fu faisoient luire

Si voient l'isle à le roonde

Movoir ensement com .i. onde.

Cil vinrent vers lor mer corant

Mult esmaiié et reclamant

Saint Brandans qu'en le mer estoit

Qui par le main el nef sacoit.

Illuec tos lor harnas laissièrent ,

Et devers l'autre ille nagièrent.

L'isle véoient qu'en aloit

Par le mer où li fus ardoit

En sus d'eus bien .II. miles gens ,

Dont lor demanda sains Brandan :

« Savés vous que c'est de cest ille? »

Cil qui nel' tinrent pas à gille.

Disent : « Mult nos esmervillons ,

« Et encore peire avons. »

Cil dist : — « Frère n'aiiés peur,

Dix m'a nuit fait si grant amor

Qui me mostra les visions :

N'est pas ille ains est poissons ,

Li plus grans qui est en le mer.

Adiès velt le keué assaml̃er !

A se teste, mais nel' puet faire

Por se grandeur qui poist al traire :

Jascon a non. « Quant alé eurent

.III. jor entor cele ille et seurent

Quan furent contre orient,

Dont virent .I. autre ille grant.

Plaine d'erbes fu bielement,

Et si ot et arbres et flor :

Là vinrent por faire séjor

Tant port que vers midi

Vinrent .I. riu corre d'enqui

En le mer ; illuec s'arestèrent

Et en cel rui lor nef boutèrent

Bien tant que une mile avant,

Tant que le riu virent sordant.

Sains Brandans dist : — « Dix nos a mis

En c'est liu comme ses amis

Por sacrer et faire recort

De sen suscitemént de mort,

Se nos n'avions que c'est dois

Que ci sort ne moriens des mois. »

Deseur cele fontaine avoit

.I. grant arbre qui s'espandoit

Tot environ plain d'oisiaus blans,

Dont tant i avoit de tos sans

C'on n'i véoit fuelle ne rain

Que d'oisiaus ne fussent tot plain.

Sains Brandans qu'en sen cuer pensoit

Comment tant d'oisiaus i avoit

A savoir tant le désira

Que la mère diu en pria,

Et dist : « Dix qui connois les coses

Dont nus fors tu ne set les gloses,

Qui ses ce que mes cuers désire,

Je te pri que c'est péceur, sire,

Par te pité revéler daigne

Ce ç'à eus voi, et si m'ensaigne

Non pas par le miue bonté

Mais par te deboínaireté. »

Quant ce ot dis si garde en halt

Et .I. oisiaus de l'arbre saut

Qui de ses eles rent .I. son

Devers le nef mult douc et bon.

Sor le kief s'assist de le nef

Débonairement et souef.

De goie ses eles estent,

Et regarde vers sains Brandan

Qui bien seut que Dix oï l'ot.

Si a dit à l'oisiel : « Tantost,

Se de par Diu es, ai nos di

Dont tot vienent cil oisiel çi?

Cil li dist : « Nous somes de ceus

Qui jus cairent des sains cieus ;

Mais ne nos consentîmes pas

A leur péciés, mais par leur cas

Avint nostres trébucemens.

Nostres Dix est justes tos tens :

Ci nos mist par sen jugement.

Ne sentons paine ne torment,

Et Diu de ci véir poons,

Mais compaignie n'i avons

U ciaus qui el ciel demorèrent

Quant li autre jus trébucièrent.

Par l'air et par le firmament

Alons et par tere et par vent

Com autre angle et faisons loenges ;

Mais as sains jors de diémences

Prenons tex cors que tu vois ore.

Diu avons adiès en mémore.

Tu as en cest voiage mis

.I. an ; encor demeurent .VI.

Des .VII. ans que par mer iras,

Et là u hui celébré as

Pasques illuec feras cascun an,

Et puis trovras au .vii⁰. an

Le terre de promission. »

Pui s'en revolé et rendent son

A une noif trestout ensanle,

Et cantoient, si com lor sanle

Le ver d'un saume du sautier,

Te decet hui tout entier,

Ensi que par une heure après

Le recommençoient adiès.

Lor eles sonoient entor ;

Si .i. plains de grant dolor.

Li frère sains Brandans mangèrent,

Puis ourèrent, puis reposèrent

Dusqu'à le tierce enre de nuit

Dont levèrent li frère tuit,

Et sains Brandans commencié a

« *Domine labia mea.* »

Li oisiel tantost respondirent,

De bouce et d'èles dous sons fisent,

Et disent tuit angle et vertus :

« Loés Diu ; ne disoient plus,

Mais pluiseurs fois le redisoient.

Au matin, à tierce cantoient,

A miedi, à none après

Loçient tot le roi célestre.

A cascune eure se cançon

Toute propre et de mult douc son,

Et toutes lor cançons estoient

Du sautier dont les vers disoient ;

Ensi faisoient nuit et jor.

.VIII. jors fisent illuec séjor.

Si com il voloient puchier

De le fontaine por carchier,

Celui virent venir hajant,

Qui lor nef ot empli devant,

Qu'assés mandé en lor nef mist

Dusques à Pentecouste et dist :

« Ne bevés point de le fontaine,

Car qui en boit revient à paine

Tant que nuit et jor a dormi. »

Puis s'en part, cil furent ici

As cans des oisiaus qui cantoient

Dont li frère se refaisoient.

Ensi fisent illuec séjor

Dusqu'à Pentecouste, et cel jor

Si com sains Brandains cantoit messe

Dont revirent venir sans presse

Leur procureur qui aportoit

Qu'aucun jor mestier lor avoit

Au mangier leur prist à parler :

« Mult avés encore à aler ;

De ceste fontaine emplirés

Vos vaissiax que vuarder porés

Dusqu'à l'autre an. Lor nef rempli

De viande et puis s'en parti

Quant au rivage s'eurent mis ;

Dont se rest li oisiaus asés

Sor le nef et sains Brandans seut.

Calcune riens dire vous veut,

Et li oisiax li dist ausi :

« U vos fustes le grant joesdi

Sérés de c'est jor en .i. an ;

Et au samedi ascoan

Sur le jascun, et puis desiqui

Irés en l'isle aubéi,

Et si serés au novel là. »

Por lacrer li oisiaus s'en va

As autres qui cantent dessus :

« Oiés vous, Dix notres salus,

Espérance de toutes fins. »

Sains Brandans avoec ses voisins

Ne finèrent .iii. mois derrer

C'ainc ne virent fors ciel et mer.

De .ii. jors en .ii. manjoient

Tant que cele isle près d'aus n'olent.

Par le vent cele part alèrent :

Par .xl. jors ne finèrent

D'aler entor cele isle après,

Ainc ne finèrent lonc ne près :

Li frère prisent à priier

Qui ne pooient plus nagier.

Par .iii. jors en orisons furent

Qu'il ne mangièrent ne béurent,

Dont virent .i. port si estroit

Que leur nés à paine i entroit.

Illuec .ii. ruissiaus sordre virent,

.i. torble et .i. clerc dont salirent :

Por puchier, dont dist sains Brandans :

« N'en prendés point sans les commans ;

« Des signors qu'en ceste isle sont :

« L'iaue de lor gré nos donront

« Qu'en larecin volés çi boire. »

Si com il queroient lor oirre

Lor vint .I. mult vix hom devant,

Cavex com nois, vis cler, et quant

A terre s'eut .III. fois baissié

Et les piés sains Brandaine baisié,

Li frère ki le relevèrent

L'uns après l'autre le baisérent.

Cil tint sains Brandaine par le main

Et s'en alèrent par .I. plain,

Tant qu'il vinrent à .I. moustier.

Sains Brandans le prist a raisnier

Du mostier qui en estoit père,

Et dont cil qui sont en sont frère ?

Li vieillars mot ne respondoit,

Mais mult bonement lor faisoit,

Signe de science, et il dist

A ses frères et escondist

Le parler, dont virent venir

.XII. frères et crois tenir,

Revestu qui cantoient hymnes,

Et disoient à crois benignes :

« Levés sus saint prophetisiés ;

En bien c'est lui saintefiés :

Au pule béniçon donés,

Et nos serjans en pais vuardés. »

Puis s'entrebaisent et lor lèvent

Les piés et font le mix qu'il sèvent,

Après les mainent u moustier,

Puis u refroitoir por mangier.

Pain eurent mult blanc et racines

De trop bones saveurs et fines.

Iaue ot cascuns et mice entière ;

Li abés a mult lie cière :

Lor dist : « De liaue que véistes

Qu'en larecin boire vausistes

Faites ore vo carité

A joie et à peur de Dé,

Et de l'autre qui troubles est

Lavons nos piés. Adescans est

Cis blans pains qui tos nos soustient ;

Nos ne savons dont il nos vient,

Fors de Diu qui le nos envoie ,

Par une créature coie

Qui l'aporte en notre celier.

Assés en avons mangier :

Nos somes frère .xxiii. ,

S'en avons le jor .iii. fois .iii.

As simples jors .ii. et .ii. un ,

Feste et dimence un cascun

Por le cainne qu'au soir faisons ;

Car les autres jors géunons.

Or en a por votre venue

Cascuns .i. , et ensi sans mue

Nos a duré .iiii. .xx. ans.

N'ains puis ne sentimes ahans,

Viellece de cors ne langor.

De fu n'avons mestier, nul jor,
Caus ne frois ne nous puet grever
Quant tans est des eures canter.
Li luminaire sont espris
C'aportâmes de nos pais
De par Diu qui dusqu'au jor ardent
Ne n'amenuisent ne forardent.
Quant .III. fois ot béu cascune
Si se leva tous li communs :
A sillence au mostier alèrent,
.XX. autres frères encontrèrent,
Qui s'agenouillièrent contre eus.
Sains Brandains dist à l'albé ceus :
« Por coi n'ont cist o nous mangié ? »
Cil dist : « Ne péussent estre asié
Por le tauele que petite est,
Or aront quanques cuers lor pleat
Et nos dirons vespres ansi
Que li autre puissent ausi
Le leur dire à nous à tans. »
Quant canté eurent, sains Brandans,
Reuvarda l'église coument,
Faite estoit tout quaréement.
Et lons et large ruens estoit ;
.VII. luminaires i avoit
Dont .III. eut à l'autel commun ;
Et .II. autres devant cascun.
Li autel furent de cristal
Tout quaré, et tot lor vassal.
Li .XXIIII. cierge ausi.

Environ l'église est ensi
Que du siège l'abé movoit
Cascuns des .ii. cuers et finoit,
Dont nus ne d'une part ne d'autre
N'en commençoit ver ;i: ne autre
Fors li abés fors tans estoit.
Nus hom fors eus tant n'i avoit;
Nus ne parloit en cest mostier;
S'aucuns avoit de rien mostier
Devant l'abé s'agenoulloit,
Et en sen cuer li requéroit.
Li abés en taule escrisoit
Que sen penser tantost savoit
De par Diu et donoit au frère
Qui li soit le voloir sen père;
Et sains Brandans qui ce véoit
Et qu'en sen cuer mult i pensoit,
Dist li abés : « Alons cener; »
Dont s'en vont et ont lor soper.
Tant com au main puis canté ont
Lor complies, et puis s'en vont
Cascuns à se cele, et amainent
Lor ostes dont servir se painent
Li abés, et dont sains Brandans
Remesent el mostier laians
Por véoir venir les clarté.
Et il remanda à l'abé
De lor ordre et de lor scillence,
Comment vivoient sans silance.
Cil dist par grant humilité :

.**LXXX**. ans avons esté
En ceste ille puis que venimes,
Nonques vois d'omes n'i oïmes
Fors quant Diu loons entre nous.
Du .**xxiiii**ᵉ de nous
N'iert jà mors ne nos sains sonés
S'il ne fait samplus as amés,
N'ainc maladie n'i éumes
Ne d'espérit tempté ne fumes.
Sains Brandans, qui tout çou oï,
Si dist : « Porriens nos ausi
« Demorer ne user no vie?
— « Nenil, fait-il ; Dix nel' velt mie.
« Que demandes ? nel' ses-tu bien,
« Que Dix t'a revelé cel bien
« Que tu ses qu'il te covient faire?
« Ains que laiens te pusses traire
« A ten propre liu revenras
« O tes **xxiiii** frères c'as
« Amené, et illuec arés
« Sepulture quant vous morrés.
« Li doi des .**iii**. qui courant vinrent
« Après vous dont en enfoïrent
« En l'isle u le froin velt embler ;
« L'un de ceus convenra aler
« En lisle des anachoris :
« Li tiers est en infers péris.»
Quant ce ot dit luès si descent
.**i**. quariax de fu qui esprent
Les lampes devant les autés

.De mult prescieuse clartés.

Sains Brandans dist: « Qui les estaint

'« Au matin quant li fus remaint? »

Li abés dist : « Or vien véoir .

« Ne véois-tu, sans estraindre ardoir,

« Lendemain ni ara jà cendre?

— « Et comment, fait-il , puet esprendre

« Cose qui soit espériteus,

« Ne faire'ardoir rien corporeus? » ·

Li abés dist : « N'as-tu leu

« Du buison ardant? n'ainc ne. fu

« Empiriés.» Toute cele nuit,

Villièrent en itel déduit

Dusqu'au jor ; et dont congié prist

Sains Brandans, et li abbés dist :

« Tu nos dois içi célébrer

« Lé novel Diu et démorer

« Desci c'à l'aparission

« Dont remèsent li compaignon,

« Et furent .xxiiii. enqui

« De le mainnie Albei. »

Quant li tiephane fu passée

Si orent lor nef aprestée :

Par mer v'ont arrier et avant

D'esci au quaremme prendant

Dont voient une isle , et s'en vont

D'une part qui travillé sont

De fain com cil qui par .iii. jors

N'avoient éu nul secors.

Quant a port furent s'issent hors:
.ii. fontaines trouvèrent lors
Mult clères, plaine d'erbe entor
Et de racines de savor.
De divers pissons là avoit ;
Sains Brandans dist : «Dix nos porvoit;
« Après travail confors nous vient.
« Çi avons quanque cors convient. »
Quant de l'iaue prisent à boire.
Si lor dist : « Aiiés en mémoire
« Que de l'iaue a raison prennés
« Si c'après n'en soiiés gabés. »
Aucun en burent une fois,
Li autre doi, li autre .iii.
Après cairent endormi .
Qui plus en but, plus en dormi :
Por .i. hanap que cascùns but
Dormi .i. jor et une nuit.
.i. jor dormi c'un vaissiel but,
Qui .ii. .ii. qui .iii. autant jut.
Sains Brandans qui eut Diu prié
Por eus, quant furent esvillié
Si dist : « Fuions nos de cest leu.
« Diex nos avoit quis notre preu,
« Dont vous faites votre damage. »
Des pissons prisent ou rivage
Et des racines, si s'en vont
Contre bise, car bon vent ont;
Mais au quart jor failli li vens.
Luès virent le mer a coi tens

Aussi com ele fust bietée,
Et luès ont lor nef desvelée
Et requisent à Diu secors.
Ensi alèrent par .xx. jors,
Dont vint .i. vens qui les sosprent,
Qui les maine contre Orient.
Lor voiles tendent, et nagièrent
De tierc jor en tierc mangièrent.
Apriès ont une isle véue
Auques d'eus près com une nue.
« Connissiés-vous, dist sains Brandans,
« Iceste isle? — Nenil voir, Dans.
« — C'est, fait-il, l'isle u nous fûmes,
« U le boin procurère eûmes.»
Luès vont vers l'isle droite voie
Et nagent fort par mult grant joie.
Sains Brandans dist : « Signeur enfant,
« Ne travilliés pas folemant.
« Diex est gouvrenères de nos :
« Laissiés; il nous menra bien tos.»
Quant là furent si vint avant
Lor procurères de devant
Qui les amena à bon port ,
Lor piés baisa, Diu loa fort.
Lor tentes tendirent delés ;
Cil lor a bons pains aprestés ,
Puis lor dona nués vestimans :
Cil jors estoit li juesdi blans;
.ii. jors firent illuec prière.
Luès lor dist cil : « Ralés arrière

« En l'isle où vous fustes antan,
« Et demain irés sans hahan
« Vers le paradis des oisiaus.
« Vous me reverrés à vos iaus
« Après Pentecoste .VIII. jors.
« Prennés o vos tos les secors
. « Qui dusqu'à dont vous ont mastier.»
Cil le font, puis s'en vont mengier.
Quant là furent, si ont coisié
Lor caudière c'orent vuerpié,
Et sains Brandans de nef issi,
Et tout li autre frère ausi,
Et commencièrent à canter
Et loenge Diu a ouvrer.
Sains Brandans dist : « Or esgardés
« Que Dix nos a si bien vuardés,
« Quant tel pisson et si grant beste
«Nos sousmet sans faire moleste.»
Il ovrèrent toute le nuit :
Au jor .cantèrent messe tuit,
Le vegile de Pasques estoit ;
Puis nagent vers l'isle autre droit
U li oisiel mult cler cantoient
Qui tout a une voix disoient :
« Salus à notre Diu qui maint
« Sor le trône et sor l'aigniel saint.»
Après cantoient mains dous cans
De vois et d'eles ressonnans,
Desci adont que hors issirent
Li frère et lor tente estendirent.

Leur procureur revenir voient
Si com lor Pasques célébraient.
Si com il mangoient ès-vous
L'oisiel venir devant eus tos .
Qui s'assist au cief de le nef.
Un son rendoit haut et souef,
De boce et d'eles ressonans
Aussi comme d'unes orgenes grans.
Sains Brandans seut bien et pensa
C'aucune cose li dira.
Li oisiaus dist : « Dix vous propose
« Par .IIII. tans si votre cose
« Des .VII. ans de vostre voiage,
« Que cascuns serés arestage :
« Au grant mesdi dusqu'au tierc jor
« En l'isle votre procuror ;
« Sor le beste ferés après
« Le vigile de Pasque adiès,
« Et d'illuec dusc'à Pentecoste
« Sacrerés ichi la sainte ouste ;
« Et puis à le fin de .VII. ans ,
« Après divers perius et grans,
« Le terre des sains troverés
« Que vous querés, et là serés
« .XL. jors ; puis vous menra
« Dix en votre pais douc çà. »
Sains Brandans et li frère mis
Vers terre rendent Diu mercis ,
Et li oisiax en va cantant.
Quant mangié orent congié prant

Et s'en reva li procurères
A le béneiçon des frères.
Quant li .viii. jor furent passé
Et il se furent apresté
Dont revirent celui venir
Por lor nef de viande emplir.
Quant empli l'éut le baisièrent,
Puis s'en va; li frère nagièrent.
Après .xl. jors avint
C'une grans beste vers eus vint
Mult escumant par les narines,
Fendant les ondes par ravines.
Vers eus s'en venoit le droit cors
Si com por eus devorer tous.
Li frère, qui orent peur,
Prièrent à notre Signeur
· Qui les délivrast de tel beste.
Sains Brendans dist : « N'aiés moleste.
« Dix, qui est notre conduisères   -
« Nos deliverra com bons pères
« De le beste et d'autres péris. »
Li beste vint vers eus toudis
Qui mult s'esforce d'ex grever,
Et cil plus et plus à douter.
Sains Brandans tent vers Diu ses mains,
Et dist : « Sire Dius soverains,
« Délivre tes sers de péril
« Si com tes sers vausis gairir
« Des mains Golias sans ahans.
« Sire, délivres tes serjans,

« Si com Jonan le prophete
« Déliverras le male beste. »
Quant çe ot dit ès vous venant
Une grant beste d'Occidant
Qui le nef trespasse, et encontre
L'autre beste par fier encontre,
Et commence mellée grant,
Et se combattent fièrement
Qu'il sanloit que fus li sausist
Par le bouce. Sains Brandans dist :
« Vées de nostre Sauvéor
« Que bestes à leur Créator
« Obéissent; or esgardés
« Le fin et de rin ne dotés.
« Rien ne nous nuist ceste bataille :
« Laissiés aler, vaille que vaille;
« Mais à Diu soit conté por glore
« Li quels qui en ait le victore. »
Si com il parloient ensi
Li beste qui les assali
Est ocise et tost devorée
En .iii. pars; puis en est alée
Cele qui ocise l'avoit
Cele part dont ele venoit.

Le jor après une isle virent
Grant plaine d'arbres, puis se misent
Cele part, car lonc d'eus estoit.
Quant hors issent et cascuns voit
Le part derriere de le beste

Qui leur valt faire le moleste,
Sains Brandans (*dist* :) « Ce que nous vaut
« Devouré deverons nos tout?
« En ceste isle lonc demorrons.
« Cakons le nef, .i. liu querons
« En cest bos u nos pussons tendre
« Nòtre tente por mix attendre. »
Quant mix eurent fait que il péurent
Et ens mis ce dont mestier eurent,
Il dist : « De le beste prendés,
« Si c'après ne soiés gabés.
« A nuit ert l'autre devourée
« Des bestes de ceste contrée. »
Là vont et tant en aportèrent
Que dusc'au vespre ne finèrent,
Dont disent : « Commant porrons-nos
« Sans iaue ici? — Taisiés-vos,
« Fait-il ; n'a dont Dix tel stipende
« De doner iaue com viande?
« Alés çà encontre midi.
« En cel isle verrés enqui
« Une fontaine clère et fine,
« Et herbes et mainte racine
« Dont vous porrés a men oeus prendre. »
Li frère vont sans plus attendre,
Et quanque il lor dist trovèrent.
Li frère laiens demorèrent
.iiii. mois; tempeste ot en mer
Mult grant de plovoir, de greller.
Li frère qu'alèrent véoir

Le beste dont prisent le soir
Ni trouvèrent se les os non :
Raconté l'ont au sains baron.
« Bien sai, fait-il, que me vausistes
« Prouver de ce que vos oïstes,
« Encor vous di c'une autre part
« D'un pisson venra cele part
« Anuit dont demain mangerés.»
« — Voirs fu, l'autre fait-il, salés :
« A votre œus Dius fera serain
« Hui et demain et puisdemain
« Et faura li tempeste en mer ;
« Après nos en covient aler.»
Lor nef karkent et puis en vont :
Herbes·et racines pris ont
Por sains Brandans puis qu'il fu prestre,
De car ne de riens qui valt prestre (*sic*),
Qui esperit éust de vie.
Contre bise vont à navie :
Il ont véue une ille en sus.
Sains Brandans dist : « Là sont, sans plus,
« .iii. pules, li .i. est d'enfans,
« Li autres de jovenciaus grans,
« Li tiers est de vix hom et sages.
« Là sera l'uns de vos estages.»
Cil demandent li quex ce est ;
Sains Brandans .i. petit se test
Tant que les veut estre dolans,
Dont dist : « C'est cil qui est laians.»
Li frères estoit en destroit

Qu'après eus vint courant d'estroit
Ains que sains Brandans fust en mer.
Premiers qui les vit ens entrer
Et d'illuec voient lor fin
En l'isle vinrent au cemin;
Plaine fu, sans mons et sans vax,
Si qu'à le mer sauloit ivaus,
Sans arbres et sans riens qui fust
Que par vent movoir se péust.
Grans fu coverte par le fin
De fruit réont grant et porprin.
Les .iii. pules virent enmi
Com sains Brandans dist, et ensi
Cascuns pules avoit se place.
De l'un à l'autre avoit espace
De tant com on péust ès fonde
Gieter une pierre réonde.
Li .i. cante : « Li saint iront,
« De vertu en vertu irront :
« Le Diu de tout Dix en Syon. »
Quant finé avoient lor son,
Li autre en estant commençoient
Canter ce que cil dit avoient.
Ensi faisoient sans cesser
Ne ne se pooient lasser.
Li premiers pules des enfants
Estoit en vestimens tous blans;
Li autres eurent roges jacins,
Li tiers romatiqúes porprins.
Le quarte eure du jor entier

Estoit quant la vinrent premiers.
Li pule à midi commencièrent :
Psalmes du psautier cantièrent
Cascune toute, et sont ensi :
Deus misereatur nostri...
Deus in adjutorium...
Credo propter locutus sum...
A none quant passa midis
Commencièrent : — *De profundis*....
Et ces .ii. — *Ecce quam bonum*...
Lauda Jherusalem Dominum.
A Vespres : *Te decet hymnis*..
Benedic anima mea, ...puis...
Laudate pueri... Après....
.....En séant quant orent canté,
Une nue de grant clarté
Les covri; mais véir ne porent
Li frère ce que véu orent.
Toutes voies le vois ooient
De ccus que sans cesser cantoient.
A matines refu leur dis :
Laudate Dominum de celis...
Cantate Domino omnis...
Laudate Dominum in sanctis...
Puis les .xii. psames après.
Au matin quant li jors fu près,
S'en parti li nuée sus,
Miserere mei Deus...
Deus, Deus, meus ad te...
De luce, et puis, *Domine*...

Refugium à tierce aussi.

Omnes gentes, et ces .II. çi :

Deus in nomine cantant;

Et puis : *Dilexi quóniam.*

Après le saint Aigniel s'acroient

A eus communier, disoient :

« C'est saint cors de nostre Signor

« Et le sains sanc du Sauvéor;

« Prennés en vie permanant. »

Quant fait éurent, et doi enfant

Portèrent .I. panier tout plain

En leur nef de fruit porprin sain,

Et disent : « Prennés fruit de terre;

« Des fors gens rendés notre frère

« Et vous en r'arés à pourfiet. »

Sains Brandans a cel frère a dit :

« Baise tes frères et t'en va

« O eus ; bone heure t'enfanta

« Te mère quant t'as desservi

« D'abiter o ces gens içi. »

Cil les baise et il dist : « Biax fis,

« Va-t-en et prie por *nobis.* »

Cil suit tantost les .II. enfans

A lor escole, et sains Brandans

Et si frère prist à nagier.

Il lor commanda à mangier

Des fruis de l'isle à fors barons.

Ains si grans fruis fist li sains hons.

Né vi tel n'en terre n'en isle :

Reont estoient comme pisle,
Scape estoit apielés cis fruis.
Sains Brandans d'une estort le jus :
Si eut bien de jus une livre.
En .xii. onces le part et livre
A cascun frère se partie.
.xii. jors soutinsent leur vie
Des capes dont une mangoient :
Le jor saveur de miel avoient.
Puis le fist .iii. jors jéuner,
Dont virent .i. oisiel voler
Contre'eus qu'en se bouce tenoit
.i. rain d'arbre ou en son avoit
.i. roisin vermel, et le mist
U géron sains Brandans qui dist
A ses frères : « Prennés à joie
« Ce mangier que Dix vous envoie. »
Comme pumes furent li grain
.xii. jors en vesquirent sain;
Puis les fist .iii. jors jéuner.
Après virent une îsle en mer
Espesse d'arbres et frui tant
Que li arbre estoient clinant
A terre et partout d'un seul fruis
D'une cou'eur; nul ni eut vuit.
Quant port éurent sains Brandans
Ist de le nef, cil furent ans ,
Et sains Brandans s'en va entor
Qui sentoit mult très bonne odor.
A ses frères revenus est;

Aporté a ce que lor plest;
Puis les fist issir li sains hom
Et tendre illuec lor pavillon.
« Venés, fait-il, et si prenés
« Des biens que Dix nos a mostrés. »
Par xx, joes illuec se refirrent,
Puis de ces fruis lor nés emplirent.

Si com il aloient nagant
E-vos .i. grant grifon volant
Vers eus. Li frère disent : « Père,
« Devourer nos vient ceste fère.
« — N'aiés peur, dist sains Brandans ;
« Dix nos est amis et aidans
« Qui encore vos desfendra. »
Li oisiax vers les frères va
Et estent ses ongles por prendre;
Ès vos l'autre oisiel por desfendre
Que le rain lor out aporté.
Au grifon vient par grant fierté,
Et se combat par tel esfort
Tant qu'il li trait les .ii. iex hors;
Mais li autres c'après s'en va
Si combatant que ocis l'a.
Li caroigne en le mer caï :
Devant eus li autre d'enqui
S'en va vers sen liu; lendemain,
Cil qui nagent et soir et main,
Vont tant que l'isle r'ont coïsi
De le maisnie Ailbei.

Por le nativité refisent
A leur béniçon , s'en partirent
Et vont nagant par le grant mer
Que puis n'i porent arester.
Fors ès viles ou il faisoient
Lor .iiii. festes. — Un jor voient.
Le mer si très clère à lor eus.
Que le font véoient sous eus.
Diverses bestes mult i voient
Que sous le graviele gisoient,
Et lor sanloit que les péussent
Touchier à le main s'il vausissent
Por le mer qui si clère estoit
Que ce qu'est lonc près lor sanloit.
Ainsi comme herde gisoient,
Teste et keue ensanle tenoient.
Li frère dist qu'il canta bas
Que les bestes n'esvillast pas,
C'aucune grever nel' venist.
Sains Brandans en sourist et dist :
« Mervelle est de votre folie
« Que ces doutés ne mie (*sic*).
« N'eustes grevance des autres ,
« Ne du maistre seur tos les autres
« Teu cri ou vo messe cantastes,
« Et le bos por ardoir trenkastes,
« Et vos viandes en cuisistes.
« Que doutés ces? N'est dont Dix ites
« A vos garder que ne vos faut? »
Dont commence à canter si haut

Com il peut plus. Cil regardoient
Les biestes qui luès se levoient
Dont tant entor le nef véoient.
Contre ele véir ne pooient
Se bestes, non aval le mer
Qu'entor eus véoient aler
Sans le nef de près aprochier,
Ains aloient noant à pié,
Çà et la, tant com il cantoient.
Quant canté orent si les voient
Toutes fuir par divers lius
Dont se fiert .i. bons vens entrex.

En .viii. jors passèrent l'é clère :
Un jor ensi comme li frère
Cantoient messe, en le mer voient
Une coronne et bien cuidoient
Que près d'eus fust, mais iii. jors misent
Ains que là fuissent, dont le visent
Si haute que fins n'i poroit.
Plus haute que li airs estoit;
Une closture eut environ
Qui tendoit en quing dusc'au son
Si con .i. pavillons agus,
Tout ausi plaine de pertruis
Tés c'une nés bien trespassat
Par .i. des pertruis sans le mast.
Ne seurent de coi ele estoit
Fors que coulor d'argent avoit
Dure comme arbre contre val.

Li pilers si con de crital,
Le mast ostèrent et les rains.
Li autre se tinrent as mains
A le closture et outre en vont.
Quant outre .i. pertruis mis se sont,   ·
De le closture à le courone
Avoit bien une mile bone.
Li mers com voiles clere estoit
Que cascuns dusc'au fons véoit.
Sains Brandans dist : « Vées signeur,
« Les mervelles du Créateur :
« Le basse voient du piler .
« Et du clos au fons de le mer. »
Ne luisoit pas mains par dedens
Li solaus que hor à leur sens.
Sains Brandans le gros mesura
D'un des pertruis et le trova
.IIII. kete lonc de tous sens.
A nagier prisent par laiens :
Une jornée aloient bone
Jouste .i. costé de le corone.
Quarée estoit; .IIII. jors misent
Aler entor, et ensi fisent
Que li sains adiès mesuroit
Com lons cascuns costés estoit.
Et mesura cascun costé
.III. et .IIII. c.......,
De cele part u l'ombre avoient
Le caure du solel sentoient,
Et dont trovèrent au quart jor

.i. galice de rice ator.

D'autel com li closture estoit
Et le patine qu'il covroit
Avoit de le corone destre
Et estoit en une fenestre
Du piler encontre midi.
« Biau joiel à monstrer a ci,
« Fait sains Brandans, que Dix nos doné!»
Luès fait canter lès le corone
Messe et après les fait mangier :
Travail n'éurent de nul mangier.

Puisque cele corone virent
Contre bise hors s'en issirent
Par .i. pertruis et luès redrecent
Mast et voile et derrier s'adrecent.
Vent souef ont qui tost les maine,
Si que nus d'eus n'en est en painne
Fors qu'a cordes le voile tienent
Et le gouvrenail qu'il maintiennent.
Par .iii. jors nagent contre bise;
Une isle virent près assise
Ruiste, rokeuses, sans verdures,
Partout plaines de forgéures.
Sains Brandans dist : « Cest isle dout,
« Nel' voel pas aprochier de tout;
« Mais li vens cele part nos maine. »
Dont près furent ensi qu'a paine
Pooit-on dusques là ruer,
Dont oïrent souflés venter,

Et tonoire et martiax férir
Sur englumes de grant aïr.
Sains Brandans revestir se fist ,
Vers terre en crois se mist et dist :
« Jhésucris oste nos de çi. »
Lors saut .i. ors de l'isle içi
Si com por aucune œvre faire.
Hideus fu et de lait afaire,
Enfumés et mult ténébreus :
Retornés est quant il vit ceus.
Sains Brandans dist : « Le voile ostons
« Et fuions tant que nos poons. »
Mais tost revint cis barbarins
Une estenaile en ses mains
Enson une masse de feu,
Et gieta vers l'ome Deu ;
Mais rins ne grieve ains le trespasse.
Et où caï icele masse
Commença a boulir li mers
Et à bruir et à fumer
Si con fu le digne fornaige.
Li frère ne sònt pas aaise
Quant tous les autre venir voient
Qui masses argans lor gietoient,
Et li .i. sor l'autre gietoit
Ses masses et puis s'en tornoit.
Et les fornages por .i. autre
Tant gietèrent li .i. sor l'autre
Que l'isle toute argans estoit.
Li mers com caudière bouloit

Quant ele a fort fu desous li.

Partout cel jour oent enqui

Grant ulement; quant plus ne virent

Encore noise et peur sentirent.

Li sains à conforter les prist :

« Con chevaliers Diu Jhésucrist

« Esforciés vos en bone foi.

« Près d'infer estes bien le voi ;

« Vieilliés ore com bor baron. »

Contre eus près de septemtrion

Voient .i. haut mont lendemain.

Si com nue vers le plain.

U somet fumoit durement.

Maintenant .i. vens les souprent

Qui là les trait grand cors adiès

Tant que lor nés recourt mult près.

Le rive si haute en estoit

Que le fins à paine en paroit ;

Coulor noire comme carbon,

Droite com .i. murs environ.

Li .i..des .iii. qui fu remés

Ist de le nef et est alés

Dusques tout aref de le rive.

Luès crie com feme caitive

Et crie : « Pères, prées sui :

« Jamais vers vos aler ne puis. »

Li frère tantost s'eslongèrent

De cel liu et Diu reclamèrent.

Deus miserere nobis

I voient que cius est ravis

Des diables qui tout ardant
L'enmenèrent à grief tormant.
Sains Brandans dist : « Fus caitis
« Quant ces loier as desservis ; »
Dont l'enmaine .i. vens vers midi.
Quant eslongié furent de çi
Derier eus esgardent le mont
Tout famblant dusqu'en l'air amont,
Puis s'espandoit li flambe aval
Qui tout ardoit et mont et val.

COUMENT

SAINS BRANDANS TROUVA JUDAS EN LE MER.

Puis .vii. jors virent une forme
En le mer véant con .i. home
Sor une pière, et eut devant
Ausi com .i. lincuel pendant
Entre .iii. forquetes de fer,
Demainné par les flos de mer
Comme naciele qui périst.
Frères i eut dont cascuns dist
C'oisiaus estoit, autre disoient
C'une nés estoit ce cuidoient :
« Laissiés, fait li sains, le tencier ;
« Prendés cele part à nagier. »
Quant près furent, les ondes virent
Prises qui lès l'ome coisirent
Sor le pière hideus et lait.

De toutes pars li flos li vait
Dusc'à la teste tout desus,
Et quant li flos s'abatoit jus
Li pière mie repairoit;
Sor coi cis caitis se séoit.

Du drap qui pendoit devant lui
Li faisoit li vens tel anui
Qui sovent de li s'eslongoit
Et iex et front l'en débatoit.
Sains Brandans demander li fait
Qui il est et por quel forfait
A tel mérite et par quel cas?

« — Je sui, fait-il, li fel Judas,
« Li pires de tous marcaans
« Par cui fu vendus li sains sans
« Jhésuscris, n'est pas celliu-ci
« Por penance, mais por merci
« De le miséricorde Diu.

« N'est pas por penance cel liu,
« Mais por paor del' Sauveour.
« Ci sui au dimence en l'onor
« De le miséricorde Crist
« C'au diemence *surrexit*.

« Il m'est vis quant çi sui assis
« Qu'en Paradis soie adelis
« Por le paor del'grief torment
« C'a vespre du jor Diu atent.

« J'arc com masse de plomb qui font
« Jor et nuit en cel ardant mont
« Que véistes; là est tous tans

« Léviatan et ses serjans.

« Là fu jou quant il englouti

« Votre frère dont s'esjoi ,

« Et gieta ses grans flambes hors.

« Ensi fait adiès ses amors

« Quant ame de mauvais dévore.

« Cascun dimence fait demore

« De vespre à autre sans lor painne,

« Et de novel a le tiephainne,

« A le purification ,

« Et de li virge asuption.

« Après et ains tormentés sui

« U par font infer plain d'anui

« Avoec Herode et dant Pilate ,

« Anna et Cayphas le maistre.

« Si vos conjur du Sauvéor .

« Que vos priés notre Signor

« Jhésucrist que j'aie poissance

« D'estre çi sans plus de grevance

« Dusques demain solel levant ,

« Que diaules en vostre présant

« Ne me maint au mal yretage

« Que j'acatai par men vendage.

« — Or en face Dius son voloir ,

« Fait sains Brandans ; en cestui soir

« N'aras torment de nuł malfé. »

Après ce li a demandé .

Que cis dras-fait devant ses iax.

« Je donai, fait-il, as mesiax

« Quand cambrelens fui mon Signor ;

« Mais meue par siens fu al jor;

« Et por ce nul bien ne me rent

« Ces forquetes ou li dras pent.

« Donai jou au prestre du temple

« Por lor caudiére à cuire pendre.

« Le piére sor coi sui assis

« Dedens une fosse le mis

« Du cemin c'on i presist busque

« Ains que desciple Jhésu fusse. »

Au vespre vint grant multitude

De diable de mal estude.

Le liu cueroient tout entor ,

Et huçoient à grand dolor :

« On Dé va-t-en de nos arrier ,

« Car nos ne poons aprochier

« A notre compaignon içi

« Tant que tu soies prés de ci.

« Nostre prince véir n'osons

« Tant que sen ami li rendons.

« Tolu nos a notre conduit :

« Ne le deffendrés pas anuit. »

Sains Brandans dist : « Pas nel'desfent ,

« Mais Dius ceste nuit li consent.

« —Por coi, font il , requiers-tu cose

« Que li traitres Diu repose?

« — Je vos commant , sains Brandans dist,

« De par le non de Jhésucrist

« Dusc'au main ne li faites lait. »

A u main quant sains Brandans se vait

Ès-vos grant noises de diables

Hucant à vois espoentaules :

« Hom Diu, maudite soit t'issue,

« Et t'entrée et te venue!

« Notre princes qui nous conduist

« Nous a tormenté ceste nuit

« Por cest caìtif que çi laissâmes,

« Et qu'er soir ne le présentâmes. »

— Li sains dist : « Rién ne nous atient;

« Votre maudis à vos revient :

« Cui maldites est bénéois,

« Et cui bien dites maléois.

« — Doubles paines, font-il, ara

« Par coi plus tormentés sera

« Ces .vi. nuis cis caitis Judas

« Por ce c'anuit desfendu l'as. »

— Li sains dist : « Pooir n'i avés

« Ne votre princes li dervés :

« En le poissance Diu sera.

« U non Diu vos commant que jà

« Et votre prince tout avant

« Nel' tormentés plus que devant.»

—Cil dirent : « Dé n'es tu pas, Deus,

« Sor tout ne tes paroles teus

« Que nos obéissons en toi! »

Cil dist : « — Serjans sui Diu en foi;

« Quanques je commanc en son non.

« Fait est puis qu'il m'en fait le don.

— Li maufé tant sivi les eurent

Que Judas plus véir ne péurent,

Dont s'en retornent li maufé

Vers le caitive ame abrievé.
Entr'ex l'emportent tout hucant
Et li frère s'en vont najant
Contre midi et glorefient
Diu en tout quanque font et dient.

Au tierc jor virent lonc de ci
Une isle envers miédi.
Si con li frère fort naioient
Vers l'isle que lassé estoient,
Sains Brandans dist : « Ne vos lassés ;
« Travail avés éu assés.
« A ceste Pasques ara .VII. ans
« Que nos partîmes de nos rans :
« En ceste isle verrés sains Pau
« L'ermite qui vit de si pau,
« Qui vit si con Dius le commande
« Sans nule corporel viande.
« Par .LX. ans i a esté ;
« .XXX. ans devant ot-il gousté
« D'aucun mangier que li dona
« Une bieste, puis ne manga.
Quant la furent n'ont point d'entrée
Por le rive qu'est haut levée.
Petite et réonde estoit l'isle,
Ne duroit pas plus d'une mille ;
De terre n'avoit riens dessus
Fors que piere et roc sans plus :
Ausi large com longe estoit
Et autretant de haut avoit,

Quant alé orent environ,
.1. por trovent estroit enson
Ç'à peine i puet lor nés entrer.
Sains Brandans a fait demorer
Ses frères et à mont s'en va :
Tot enson .11. fosses trova.
L'une eut contre orient entrée
U fontaine a devant trovée.
Petite et réonde estoit :
Com une paiele sordoit
De le piere et rendoit en li
A fait qu'ele sordoit enqui.
Quant a l'un huis fu d'une part
Ès-vos à l'autre huis d'autre part
Le viellart contre lui venir
Qui l'i a dit par biel loisir :
« Hé! quel bien! quel joie à cascun
« Est d'abiter frères en un! »
Puis a sains Brandans comanda
Que ses frères amenast là.
Quant li frère vinrent enson
Il les baise et nome par non,
Dont li frère s'esmervilloient
Et de sen abit qu'il véoient.
Tous fu covers de ses caviax
De le teste as piés par tous liax.
Blans comme noif de le viellece,
Ne lui paroit fors eus et face;
Nul autre vestiment n'avoit
Fors du poil qui de lui estoit.

Sains Brandans qu'en tel point le voit
Tristres, dedens son cuer disoit :
« Ainmi ! quant abit de moigne ai
« Et tex que sosmi en l'ordre ai
« Quant en estat d'angle voi çi
« C'est home en cor ne malbailli
« Des vices du cors; » et cil dist :
« O sains pères, hom Jhesucrist,
« Quans et quex miracles t'a Dix
« Demonstrés c'aind ne mostra tix
« A nul père et en ten cuer dis,
« Que n'es dignes d'avoir habis
« De moigne, et si valt mix demaine
« Qui du labor et de le paine
« De mains use et si s'en vest:
« Dix t'a doné .vii. ans ten pest
« De ses secrés, et te maisnie
« A vestue toudis furnie ,
« Et les caitis com oisiaus mus. »
« Sié sur ceste pière tos nus
« Fors de men poil. » Sains Brandans a
Demandé dont est qui vient là ,
Et com loing a fait cest mestier.
Cil dist : « Nourris fui u mostier.
« Sains Patriarche .l. ans.
« Le canetière de laians
« Vuardoie tant com je voloie
« Entierer .i. mort dont j'avoie
« De men Dieu commendement.
« Dont me vint .i. viex hom devant

« Desronus qui me dist ne faire

« Car ne le me convient faire.

« Je dis : Qui ies et je qui sui?

« — Ne me connois-tu? Abés fui.

« — Je dis : Sains Patriaces cois.

« — Il dist : ce sui-je que çi vois.

« Très ier sui mors; je girai çi

« L'autre frère metés en qui,

« Et puis me dist demain iras

« A le mer ; illoec enterras

« En une nef qui te menra

« Là où morir te convenra.

« Au main vers le mer m'en alai.

« Le nef trovai ; .III. jors najai,

« Et d'illuec le laissai aler,

« Là où li vens le vaut mener.

« Au septisme jor vi issir :

« Hors vic le nef d'un pié férir.

« Tantost là grant cors se maintint

« Por aler là dont ele vint

« Fendant les ondes de le mer.

« Vers none me vint à porter

« Une bieste .I. pisson ici

« En se bouce et sarment ausi ,

« Por fu faire a .II. piés devant :

« A .II. derrier s'aloit portant.

« Devant me mist ce qu'ele tint,

« Puis s'en va là dont ele vint.

« Du fer a le piere feri ,

« Le fu fis et mangai içi.

« Par .xxx. ans de tiers jors entiers

« M'aporte cis pissons entiers,

« .i. au caup dont le tierc mangaie

« Et cascun jor soif point n'i oie

« Au diemence aue sordoit

« De ceste piere çi endroit

« Dont je bevoie et en pregnoie

« .i. vaissiel dont mes mains lavoie.

« .xxx. ans après ces fossés vi

« Et ceste fonteniele çi,

« Dont par .lx. ans sui vescus

« Sans nule autre viande plus.

« Par nonante ans vescu i ai ;

« .xxx. ans le pisson i mangai,

« Et puis .lx. ans ai vescu

« De l'iaue et en men païs sui

« .l. ans ; c'est .xxviii. ans

« Dont me vie a passé les rans.

« Si doi si com il m'est couvent

« Atendre à me car jugement.

« Ralés vos là dont estes nés,

« Vo vaissiel de ceste iaue emplés :

« xl. jors avés encore

« Dusqu'à Pasques ; la ferés ore

« U vos l'avés faite .vi. ans,

« Et puis venrés après cel tans

« Le terre de promission.

« Illuec serés a mantion

« .xl. jors ; puis serés mis

« Tout haitié en votre païs. »

Sains Brandans et si compaignon
S'en vinrent o sa bénéiçon.
Contre midi s'en vont najant
Li une arrière, l'autre avant.
De l'iaue au viel home vivoient
Dont le tierc jor en tierc bevoient ;
Sans autre riens ne soit ne fain
N'eurent, ains furent lié et sain.
Quant a cele isle sont couru
Sain Brandans lor a acouru
Qui grant joie fait a cascun.
De le nef lès l'iaue .i. et .i.
Quant messe orent canté içi
Et fait le caine au grant joesdi,
Si renagent devers le beste
Où de Pasques fisent le feste.
Après messe cascuns s'esmuet,
Li aucuns vers là ou il suet.
Li frère claiment qui sont sus :
« Sauve nos, Dix nostre salus,
« Espoir de toutes fins en tierre,
« Et en mer vien nos ames querre !»

Sains Brandans dist : « Rien ne doutés,
« De ce fors iaue n'en avés. »
Le beste le droit cors s'en va
Vers l'isle les oisiaus, et là
Ont fait li frères lor séjors
Dusqu'à Pentecouste .vii. jors.
Lor proctirères lor a dit :

« Prendés de ceste iaue .i. petit :
Je serai à ceste féie
Votre compains, n'en poés mie   , .
Trover sans mi le région
C'on dit de repromition.

 •

Il s'en vont. Cascuns oisiaus cante .
Et dist : « Dix vous maint bone sante! »
En l'isle à lor procureur furent
.xl. jors et puis s'esmurent.
Por .xl. jors pris i ont
Viande et contre orient vont.
.xl. jors li procurères
C'adiés aloit devant les frères,
Les adreçoit en lor cemin ;
Puis .xl. jors à le fin
Vint l'oscurtés qui les covroit
Qu'à paine l'un l'autre véoit.
Adont a dit li procurères
A sains Brandans et à ses frères :
« Savés que c'est que çi vées?
« — Nenil. — C'est, fait-il, obscurtés
« Qui l'isle avirone tous tans
« Que vous avés quis par .vii. ans. »
Après bien l'espasse d'une eure
Leur revint mult grant clarté seure,
Et lor nés estoit au rivage.
Hors issent et vont par l'erbage,
La terre voient plaine tempre
Les pummiers si com en septembre.

Environ prisent à aler

C'ainc nuit ni visent fors jor clerc.

Des pumes sans plus i mangoient

Et de fontaine qui bevoient.

Par .xl. jors ne finèrent

D'errer com quel fin n'i trovèrent.

I jor virent .i. fleuve grant

Qui parmi l'isle aloit courant.

Sains Brandans dist : « Ci ne porons

« Passer ne le grant ne savons. »   .

De l'isle s'aconsent le grant

Si con jou aloië pensant.

.i. jovenciaus lor vint devant

Baisant tous faisant (*sic*)

Par tout les apiele disant :

« O soverain Dius tot poissant

« Bon euré sont qui abitent

« En te maison; si reporfitent :

« Come Diu te loront adiès. »

· Et sains Brendans a dit après :

« Cele terre que cix maint tans;

« Mais ni venis pas si par tans

« Que Dix te vaut ançois mostrer

« Divers secrés en le grant mer.

« Va-t-ent en ten païs arrière :

« Du fruit de ceste isle et des pières

« Prescieuses porter en pues

« En te nef tant com prendre en vues.

« Te fins est près, par tans morras,

« Et o tes pères demorras.

« Après mains ans ert descoverte
« Ceste isle et du tout ouverte
« A ceus qui après ci venront
« Quant persécution aront
« Crestien qui sont sor l'Euvangile.
« Cis fleuves devise ceste isle
« Si com de fruis à part meure;
« Orendroit tout adiès li dure;
« Nus n'i muert, jors est Jésuchrist.»
Dont prendent li frère des fruis
Et gemmes de mainte manière.
En lor nés en vinrent arrière.
Et revinrent par l'oscurté.
A l'autre isle sont arivé
Qu'isle délicieuse a non :
Troi jors i furent li baron.

D'illuec à lor liu s'en revinrent;
Li frère volentiers les virent.
Diu sortout en glorefioient
Quant lor père avoec eus r'avoient
Dont tant jor furent offerté.
Sains Brandans got lor carité
Et lor a trestous recordé
Quanques Dius lor ot révelé.

Au jor que morir dut cis sains
Li souvint de le terre as sains,
Du jovenciel qui dit li ot
Se mort qui li aparut tost.

Quant il ot trestout recéus
Ses sacremens, si s'est téus
Et maint des frères mourut là.
Glorieusement trespassa :
L'ame emportèrent l'angle en glore
U Dix nos doinst vie et vitoire
In secula seculorum.
D'une autre çi après orron.

Au jor que morir dut cis sains
A saint Ernoul une abéie
De moignes noirs qu'est establie
Droit devant Miés en Loeraine
Trovai l'estore mult ançaine.
De latin le mis en romans
Por faire entendre as laïes jans.
En viii jors de marc l'oi parfait
M. cc. ans xlvii,
Et ces .ii. ci après avuec,
Dont l'une encomence iluec, etc.

Ici commence en effet un autre chapitre intitulé :

Coument li philosofes descrit
coument nature fist
.i. home.

RECTIFICATIONS

ET VARIANTES FOURNIES PAR LE MSS. 7991.

Page 108 de cette brochure, 10ᵉ vers, au lieu de :

> Preudom vers Diu estoit et fins,

le mss. 7991 offre la leçon suivante :

> Preudon vers Dieu out non Morin.

Page 106, vers 27, au lieu de la leçon du mss. 7534 :

> Mes il cri Diu seut fait savoir,

lisez :

> Mès je cui Dieu l'ot fet savoir.

Une erreur d'impression, dont on ne s'est aperçu qu'après le tirage, a laissé aussi subsister dans le texte du premier de ces vers (voyez p. 106), le mot *six* pour *sic*.

Page 107, vers 5, mss. 7991, au lieu de *où parsement,* lisez :

> Où exparsement demouroient.

Page 107, vers 10, lisez (mss. 7991) :

> Tant c'un coc ou .i. saint sonna ;
> Lors mon fillol qui me mena
> Jusc'au rivage de la mer, etc.

Page 108, vers 15, mss. 7991 :

> De ceste isle car tout ausi, etc.

Page 110. Le mss. 7991, après avoir sauté quelques vers que donne le mss. 7534, place avant celui-ci :

> Saint Brendans qu'ot le cuer méu,

ceux-ci, que ne donne pas ce dernier :

> Quant saint Brendans out tout oı
> A Dieu rendi grâce et merci

De ce que révéler daignoit
As ses sers les biens qu'il savoit;
Puis prist celle bénéiçon
Et s'en ala à sa maison.

Page 110, vers 18, au lieu de :

Nos somes *tant* et soir et main,

le mss. 7991 porte :

Nos sommes tuen et soir et main.

Page 111, vers 18, au lieu de *açorant*, qui est une faute d'impression, lisez *acorant*.

Page 114, vers 6, lisez : *Pain blanc com nois, et bon pisson*, au lieu de : *Pain blanc, com nois et bon pisson*.

Page 115, vers 19, lisez *t'ame* au lieu de *tâme*.

Page 117, vers 6, lisez *vien ce* au lieu de *vience*.

Page 119, vers 11, au lieu de :

Et encore peire avons,

lisez, d'après le mss. 7991 »

Et encore poor en avons.

Page 119 ; le mss. 7991 remplace avec raison la leçon du mss. 7554, vers 27 et 28, par celle-ci :

Tant quistrent port que vers midi
Virent un riu, etc.

Page 121, vers 9, au lieu de *viencnt*, lisez *vienent*.

Page 122, vers 9, au lieu de *Te decet huic*, lisez :

Te decet *ymnus* tout entier.

Page 122, vers 26, au lieu de :

A miedi, à none après,

lisez :

A midi, à none et à vespre.

Page 125, vers 20, lisez :

Signes de silence et il dist,

au lieu de :

Signes de science, et il dist.

Page 158, vers 17, le mss. 7991 offre cette leçon :

De car ne de riens qui valt pestre.

Page 139, vers 4, lisez :

> Et lor dist lor voie et lor fin.

Page 140, après le vers 14, il faut placer celui-ci, qu'offre le mss. 7991, et qui est sauté au mss. 7534 :

> Au matin quant li jor fu prés , etc.

Page 141, vers 3, lisez :

> *Deus in nomine* cantant.

Page 144, vers 28, lisez :

> Que doutés cesty? n'est dex mestres.

Page 145, vers 8, lisez :

> Ains aloient noent arier.

Page 145; le dernier vers est ainsi au mss. 7991 :

> Dure comme marbre contre val.

Page 146, vers 27, lisez :

> Mil et ‚IIII. ans coutes 16.

Page 148, vers 21, lisez :

> Si com li feu d'une fornaise.

Page 154, vers 23 et 24, lisez :

> Cil dient jà n'es-tu pas Dex
> Sor toz, ne tes paroles teus, etc.

Page 157, vers 25, lisez :

> Sains Patrice par .L. ans, etc.

FIN.